Das Allgemeine

Deutsche Handelsgesetzbuch

und die Allgemeine

Deutsche Wechselordnung

nebst

den Abweichungen der schweizerischen Wechselordnung und den ergänzenden handels- und seerechtlichen Gesetzen des Deutschen Reiches.

Mit ausführlichem Sachregister.

Herausgegeben

von

Dr. Richard Schröder,

Professor zu Heidelberg.

Siebente Auflage.

Dritte Ausgabe.

Bonn,

Eduard Weber's Verlag

(Julius Flittner).

1894.

Zweiter Nachtrag.

Gesetz

zum Schutze der Waarenbezeichnungen [1].

Vom 12. Mai 1894 (RGBl. 441).

---

§. 1. Wer in seinem Geschäftsbetriebe zur Unterscheidung seiner Waaren von den Waaren Anderer eines Waarenzeichens sich bedienen will, kann dieses Zeichen zur Eintragung in die Zeichenrolle anmelden.

§. 2. Die Zeichenrolle wird bei dem Patentamt geführt. Die Anmeldung eines Waarenzeichens hat schriftlich bei dem Patentamt zu erfolgen. Jeder Anmeldung muss die Bezeichnung des Geschäftsbetriebes, in welchem das Zeichen verwendet werden soll, ein Verzeichniss der Waaren, für welche es bestimmt ist, sowie eine deutliche Darstellung und soweit erforderlich eine Beschreibung des Zeichens beigefügt sein.

Das Patentamt erlässt Bestimmungen über die sonstigen Erfordernisse der Anmeldung.

Für jedes Zeichen ist bei der Anmeldung eine Gebühr von dreissig Mark, bei jeder Erneuerung der Anmeldung eine Gebühr von zehn Mark zu entrichten. Führt die erste Anmeldung nicht zur Eintragung, so werden von der Gebühr zwanzig Mark erstattet.

§. 3. Die Zeichenrolle soll enthalten:

1. den Zeitpunkt des Eingangs der Anmeldung;
2. die nach § 2 Absatz 1 der Anmeldung beizufügenden Angaben;
3. Namen und Wohnort des Zeicheninhabers und seines etwaigen Vertreters, sowie Aenderungen in der Person, im Namen oder im Wohnorte des Inhabers oder des Vertreters;
4. den Zeitpunkt einer Erneuerung der Anmeldung;
5. den Zeitpunkt der Löschung des Zeichens.

Die Einsicht der Zeichenrolle steht jedermann frei.

Jede Eintragung und jede Löschung wird amtlich bekannt gemacht. Das Patentamt veröffentlicht in regelmässiger Wiederholung Uebersichten über die in der Zwischenzeit eingetragenen und gelöschten Zeichen.

§. 4. Die Eintragung in die Rolle ist zu versagen für Freizeichen, sowie für Waarenzeichen,

1. welche ausschliesslich in Zahlen, Buchstaben oder solchen Wörtern bestehen, die Angaben über Art, Zeit und Ort der Herstellung, über die Beschaffenheit, über die Bestimmung, über Preis-, Mengen oder Gewichtsverhältnisse der Waare enthalten;
2. welche in- oder ausländische Staatswappen oder Wappen eines inländischen Ortes, eines inländischen Gemeinde- oder weiteren Kommunalverbandes enthalten;
3. welche Aergerniss erregende Darstellungen oder solche Angaben enthalten, die ersichtlich den thatsächlichen Verhältnissen nicht entsprechen und die Gefahr einer Täuschung begründen.

Zeichen, welche gelöscht sind, dürfen für die Waaren, für welche sie

---

[1] Vgl. VO. vom 30. Juni 1894 (RGBl. 495).

eingetragen waren, oder für gleichartige Waaren zu Gunsten eines anderen, als des letzten Inhabers erst nach Ablauf von zwei Jahren seit dem Tage der Löschung von Neuem eingetragen werden.

§. 5. Erachtet das Patentamt, dass ein zur Anmeldung gebrachtes Waarenzeichen mit einem anderen, für dieselben oder für gleichartige Waaren auf Grund des Gesetzes über Markenschutz vom 30. November 1874 (RGBl. S. 143)[1] oder auf Grund des gegenwärtigen Gesetzes früher angemeldeten Zeichen übereinstimmt, so macht es dem Inhaber dieses Zeichens hiervon Mittheilung. Erhebt derselbe nicht innerhalb eines Monats nach der Zustellung Widerspruch gegen die Eintragung des neu angemeldeten Zeichens, so ist das Zeichen einzutragen. Im anderen Falle entscheidet das Patentamt durch Beschluss, ob die Zeichen übereinstimmen.

Aus dem Unterbleiben der im ersten Absatz vorgesehenen Mittheilung erwächst ein Ersatzanspruch nicht.

§. 6. Wird durch den Beschluss (§ 5 Absatz 1) die Uebereinstimmung der Zeichen verneint, so ist das neuangemeldete Zeichen einzutragen.

Wird durch den Beschluss die Uebereinstimmung der Zeichen festgestellt, so ist die Eintragung zu versagen. Sofern der Anmelder geltend machen will, dass ihm ungeachtet der durch die Entscheidung des Patentamts festgestellten Uebereinstimmung ein Anspruch auf die Eintragung zustehe, hat er diesen Anspruch im Wege der Klage gegenüber dem Widersprechenden zur Anerkennung zu bringen. Die Eintragung auf Grund einer zu seinen Gunsten ergehenden Entscheidung wird unter dem Zeitpunkte der ursprünglichen Anmeldung bewirkt.

§. 7. Das durch die Anmeldung oder Eintragung eines Waarenzeichens begründete Recht geht auf die Erben über und kann durch Vertrag oder durch Verfügung von Todeswegen auf Andere übertragen werden. Das Recht kann jedoch nur mit dem Geschäftsbetriebe, zu welchem das Waarenzeichen gehört, auf einen Anderen übergehen. Der Uebergang wird auf Antrag des Rechtsnachfolgers in der Zeichenrolle vermerkt, sofern die Einwilligung des Berechtigten in beweisender Form beigebracht wird. Ist der Berechtigte verstorben, so ist der Nachweis der Rechtsnachfolge zu führen.

Solange der Uebergang in der Zeichenrolle nicht vermerkt ist, kann der Rechtsnachfolger sein Recht aus der Eintragung des Waarenzeichens nicht geltend machen.

Verfügungen und Beschlüsse des Patentamts, welche einer Zustellung an den Inhaber des Zeichens bedürfen, sind stets an den eingetragenen Inhaber zu richten. Ergiebt sich, dass derselbe verstorben ist, so kann das Patentamt nach seinem Ermessen die Zustellung als bewirkt ansehen oder zum Zweck der Zustellung an die Erben deren Ermittelung veranlassen.

§. 8. Auf Antrag des Inhabers wird das Zeichen jederzeit in der Rolle gelöscht.

Von Amtswegen erfolgt die Löschung:

1. wenn seit der Anmeldung des Zeichens oder seit ihrer Erneuerung zehn Jahre verflossen sind;
2. wenn die Eintragung des Zeichens hätte versagt werden müssen.

Soll die Löschung ohne Antrag des Inhabers erfolgen, so giebt das Patentamt diesem zuvor Nachricht. Widerspricht er innerhalb eines Monats nach der Zustellung nicht, so erfolgt die Löschung. Widerspricht er, so fasst das Patentamt Beschluss. Soll in Folge Ablaufs der zehn-

[1] Vgl. S. 185 ff.

jährigen Frist die Löschung erfolgen, so ist von derselben abzusehen, wenn der Inhaber des Zeichens bis zum Ablauf eines Monats nach der Zustellung unter Zahlung einer Gebühr von zehn Mark neben der Erneuerungsgebühr die Erneuerung der Anmeldung nachholt; die Erneuerung gilt dann als an dem Tage des Ablaufs der früheren Frist geschehen.

§. 9. Ein Dritter kann die Löschung eines Waarenzeichens beantragen:

1. wenn das Zeichen für ihn auf Grund einer früheren Anmeldung für dieselben oder für gleichartige Waaren in der Zeichenrolle oder in den nach Massgabe des Gesetzes über den Markenschutz vom 30. November 1874 geführten Zeichenregistern eingetragen steht;
2. wenn der Geschäftsbetrieb, zu welchem das Waarenzeichen gehört, von dem eingetragenen Inhaber nicht mehr fortgesetzt wird;
3. wenn Umstände vorliegen, aus denen sich ergiebt, dass der Inhalt des Waarenzeichens den thatsächlichen Verhältnissen nicht entspricht und die Gefahr einer Täuschung begründet.

Hat ein nach dem Gesetze über Markenschutz vom 30. November 1874 von der Eintragung ausgeschlossenes Waarenzeichen bis zum Erlass des gegenwärtigen Gesetzes innerhalb betheiligter Verkehrskreise als Kennzeichen der Waaren eines bestimmten Geschäftsbetriebes gegolten, so kann der Inhaber des letzteren, falls das Zeichen nach Massgabe des gegenwärtigen Gesetzes für einen Anderen in die Zeichenrolle eingetragen wird, bis zum 1. Oktober 1895 die Löschung beantragen. Wird dem Antrage stattgegeben, so darf das Zeichen für den Antragsteller schon vor Ablauf der im § 4 Absatz 2 bestimmten Frist in die Zeichenrolle eingetragen werden.

Der Antrag auf Löschung ist im Wege der Klage geltend zu machen und gegen den eingetragenen Inhaber oder, wenn dieser gestorben, gegen dessen Erben zu richten.

Hat vor oder nach Erhebung der Klage ein Uebergang des Waarenzeichens auf einen Anderen stattgefunden, so ist die Entscheidung in Ansehung der Sache auch gegen den Rechtsnachfolger wirksam und vollstreckbar. Auf die Befugniss des Rechtsnachfolgers, in den Rechtsstreit einzutreten, finden die Bestimmungen der §§ 63 bis 66 und 73 der Civilprozessordnung entsprechende Anwendung.

In den Fällen des Absatz 1 Nr. 2 kann der Antrag auf Löschung zunächst bei dem Patentamt angebracht werden. Das Patentamt giebt dem als Inhaber des Waarenzeichens Eingetragenen davon Nachricht. Widerspricht derselbe innerhalb eines Monats nach der Zustellung nicht, so erfolgt die Löschung. Widerspricht er, so wird dem Antragsteller anheimgegeben, den Anspruch auf Löschung im Wege der Klage zu verfolgen.

§. 10. Anmeldungen von Waarenzeichen, Anträge auf Uebertragung und Widersprüche gegen die Löschung derselben werden in dem für Patentangelegenheiten massgebenden Verfahren durch Vorbescheid und Beschluss erledigt. In den Fällen des § 5 Absatz 1 wird ein Vorbescheid nicht erlassen.

Gegen den Beschluss, durch welchen ein Antrag zurückgewiesen wird, kann der Antragsteller, und gegen den Beschluss, durch welchen Widerspruchs ungeachtet die Löschung angeordnet wird, der Inhaber des Zeichens innerhalb eines Monats nach der Zustellung bei dem Patentam Beschwerde einlegen.

Zustellungen, welche die Eintragung, die Uebertragung oder die Löschung eines Waarenzeichens betreffen, erfolgen mittelst eingeschriebenen

Briefes. Kann eine Zustellung im Inlande nicht erfolgen, so wird sie durch Aufgabe zur Post nach Massgabe der §§ 161, 175 der Civilprozessordnung bewirkt.

§. 11. Das Patentamt ist verpflichtet, auf Ersuchen der Gerichte über Fragen, welche eingetragene Waarenzeichen betreffen, Gutachten abzugeben, sofern in dem gerichtlichen Verfahren von einander abweichende Gutachten mehrerer Sachverständigen vorliegen.

§. 12. Die Eintragung eines Waarenzeichens hat die Wirkung, dass dem Eingetragenen ausschliesslich das Recht zusteht, Waaren der angemeldeten Art oder deren Verpackung oder Umhüllung mit dem Waarenzeichen zu versehen, die so bezeichneten Waaren in Verkehr zu setzen, sowie auf Ankündigungen, Preislisten, Geschäftsbriefen, Empfehlungen, Rechnungen oder dergleichen das Zeichen anzubringen.

Im Falle der Löschung können für die Zeit, in welcher ein Rechtsgrund für die Löschung früher bereits vorgelegen hat, Rechte aus der Eintragung nicht mehr geltend gemacht werden.

§. 13. Durch die Eintragung eines Waarenzeichens wird niemand gehindert, seinen Namen, seine Firma, seine Wohnung, sowie Angaben über Art, Zeit und Ort der Herstellung, über die Beschaffenheit, über die Bestimmung, über Preis-, Mengen- oder Gewichtsverhältnisse von Waaren, sei es auch in abgekürzter Gestalt, auf Waaren, auf deren Verpackung oder Umhüllung anzubringen und derartige Angaben im Geschäftsverkehr zu gebrauchen.

§. 14. Wer wissentlich oder aus grober Fahrlässigkeit Waaren oder deren Verpackung oder Umhüllung, oder Ankündigungen, Preislisten, Geschäftsbriefe, Empfehlungen, Rechnungen oder dergleichen mit dem Namen oder der Firma eines Anderen oder mit einem nach Massgabe dieses Gesetzes geschützten Waarenzeichen widerrechtlich versieht oder dergleichen widerrechtlich gekennzeichnete Waaren in Verkehr bringt oder feilhält, ist dem Verletzten zur Entschädigung verpflichtet.

Hat er die Handlung wissentlich begangen, so wird er ausserdem mit Geldstrafe von einhundertfünfzig bis fünftausend Mark oder mit Gefängniss bis zu sechs Monaten bestraft. Die Strafverfolgung tritt nur auf Antrag ein. Die Zurücknahme des Antrages ist zulässig.

§. 15. Wer zum Zweck der Täuschung in Handel und Verkehr Waaren oder deren Verpackung oder Umhüllung, oder Ankündigungen, Preislisten, Geschäftsbriefe, Empfehlungen, Rechnungen oder dergleichen mit einer Ausstattung, welche innerhalb betheiligter Verkehrskreise als Kennzeichen gleichartiger Waaren eines Anderen gilt, ohne dessen Genehmigung versieht, oder wer zu dem gleichen Zweck derartig gekennzeichnete Waaren in Verkehr bringt oder feilhält, ist dem Verletzten zur Entschädigung verpflichtet und wird mit Geldstrafe von einhundert bis dreitausend Mark oder mit Gefängniss bis zu drei Monaten bestraft. Die Strafverfolgung tritt nur auf Antrag ein. Die Zurücknahme des Antrages ist zulässig.

§. 16. Wer Waaren oder deren Verpackung oder Umhüllung oder Ankündigungen, Preislisten, Geschäftsbriefe, Empfehlungen, Rechnungen oder dergleichen fälschlich mit einem Staatswappen oder mit dem Namen oder Wappen eines Ortes, eines Gemeinde- oder weiteren Kommunalverbandes zu dem Zweck versieht, über Beschaffenheit und Werth der Waaren einen Irrthum zu erregen, oder wer zu dem gleichen Zweck derartig bezeichnete Waaren in Verkehr bringt oder feilhält, wird mit Geldstrafe von einhundertfünfzig bis fünftausend Mark oder mit Gefängniss bis zu sechs Monaten bestraft.

Die Verwendung von Namen, welche nach Handelsgebrauch zur Benennung gewisser Waaren dienen, ohne deren Herkunft bezeichnen zu sollen, fällt unter diese Bestimmung nicht.

§. 17. Ausländische Waaren, welche mit einer deutschen Firma und Ortsbezeichnung, oder mit einem in die Zeichenrolle eingetragenen Waarenzeichen widerrechtlich versehen sind, unterliegen bei ihrem Eingang nach Deutschland zur Einfuhr oder Durchfuhr auf Antrag des Verletzten und gegen Sicherheitsleistung der Beschlagnahme und Einziehung. Die Beschlagnahme erfolgt durch die Zoll- und Steuerbehörden, die Festsetzung der Einziehung durch Strafbescheid der Verwaltungsbehörden (§ 459 der Strafprozessordnung).

§. 18. Statt jeder aus diesem Gesetze entspringenden Entschädigung kann auf Verlangen des Beschädigten neben der Strafe auf eine an ihn zu erlegende Busse bis zum Betrage von zehntausend Mark erkannt werden. Für diese Busse haften die zu derselben Verurtheilten als Gesammtschuldner.

Eine anerkannte Busse schliesst die Geltendmachung eines weiteren Entschädigungsanspruchs aus.

§. 19. Erfolgt eine Verurtheilung auf Grund der §§ 14 bis 16, 18, so ist bezüglich der im Besitz des Verurtheilten befindlichen Gegenstände auf Beseitigung der widerrechtlichen Kennzeichnung, oder, wenn die Beseitigung in anderer Weise nicht möglich ist, auf Vernichtung der damit versehenen Gegenstände zu erkennen.

Erfolgt die Verurtheilung im Strafverfahren, so ist in den Fällen der §§ 14 und 15 dem Verletzten die Befugniss zuzusprechen, die Verurtheilung auf Kosten des Verurtheilten öffentlich bekannt zu machen. Die Art der Bekanntmachung sowie die Frist zu derselben ist in dem Urtheil zu bestimmen.

§. 20. Die Anwendung der Bestimmungen dieses Gesetzes wird durch Abweichungen nicht ausgeschlossen, mit denen fremde Namen, Firmen, Zeichen, Wappen und sonstige Kennzeichnungen von Waaren wiedergegeben werden, sofern ungeachtet dieser Abweichungen die Gefahr einer Verwechselung im Verkehr vorliegt.

§. 21. In bürgerlichen Rechtsstreitigkeiten, in welchen durch Klage oder Widerklage ein Anspruch auf Grund dieses Gesetzes geltend gemacht ist, wird die Verhandlung und Entscheidung letzter Instanz im Sinne des § 8 des Einführungsgesetzes zum Gerichtsverfassungsgesetze dem Reichsgericht zugewiesen.

§. 22. Wenn deutsche Waaren im Auslande bei der Einfuhr oder Durchfuhr der Verpflichtung unterliegen, eine Bezeichnung zu tragen, welche ihre deutsche Herkunft erkennen lässt, oder wenn dieselben bei der Zollabfertigung in Beziehung auf die Waarenbezeichnungen ungünstiger als die Waaren anderer Länder behandelt werden, so ist der Bundesrath ermächtigt, den fremden Waaren bei ihrem Eingang nach Deutschland zur Einfuhr oder Durchfuhr eine entsprechende Auflage zu machen, und anzuordnen, dass für den Fall der Zuwiderhandlung die Beschlagnahme und Einziehung der Waaren erfolge. Die Beschlagnahme erfolgt durch die Zoll- und Steuerbehörden, die Festsetzung der Einziehung durch Strafbescheid der Verwaltungsbehörden (§ 459 der Strafprozessordnung).

§. 23. Wer im Inlande eine Niederlassung nicht besitzt, hat auf den Schutz dieses Gesetzes nur Anspruch, wenn in dem Staate, in welchem seine Niederlassung sich befindet, nach einer im Reichsgesetzblatt enthaltenen Bekanntmachung deutsche Waarenbezeichnungen in gleichem Umfange wie inländische Waarenbezeichnungen zum gesetzlichen Schutz zugelassen werden.

Der Anspruch auf Schutz eines Waarenzeichens und das durch die Eintragung begründete Recht können nur durch einen im Inlande bestellten Vertreter geltend gemacht werden. Der letztere ist zur Vertretung in dem nach Massgabe dieses Gesetzes vor dem Patentamt stattfindenden Verfahren, sowie in den das Zeichen betreffenden bürgerlichen Rechtsstreitigkeiten und zur Stellung von Strafanträgen befugt. Für die das Zeichen betreffenden Klagen gegen den eingetragenen Inhaber ist das Gericht zuständig, in dessen Bezirk der Vertreter seinen Wohnsitz hat, in dessen Ermangelung das Gericht, in dessen Bezirk das Patentamt seinen Sitz hat.

Wer ein ausländisches Waarenzeichen zur Anmeldung bringt, hat damit den Nachweis zu verbinden, dass er in dem Staate, in welchem seine Niederlassung sich befindet, für dieses Zeichen den Markenschutz nachgesucht und erhalten hat. Die Eintragung ist, soweit nicht Staatsverträge ein Anderes bestimmen, nur dann zulässig, wenn das Zeichen den Anforderungen dieses Gesetzes entspricht.

§. 24. Auf die in Gemässheit des Gesetzes über Markenschutz vom 30. November 1874 in die Zeichenregister eingetragenen Waarenzeichen finden bis zum 1. Oktober 1898 die Bestimmungen jenes Gesetzes noch ferner Anwendung. Die Zeichen können bis zum 1. Oktober 1898 jederzeit zur Eintragung in die Zeichenrolle nach Massgabe des gegenwärtigen Gesetzes angemeldet werden und unterliegen alsdann dessen Bestimmungen. Die Eintragung darf nicht versagt werden hinsichtlich derjenigen Zeichen, welche auf Grund eines älteren landesgesetzlichen Schutzes in die Zeichenregister eingetragen worden sind. Die Eintragung geschieht unentgeltlich und unter dem Zeitpunkte der ersten Anmeldung. Ueber den Inhalt der ersten Eintragung ist ein Zeugniss der bisherigen Registerbehörde beizubringen.

Mit der Eintragung in die Zeichenrolle oder, sofern eine solche nicht erfolgt ist, mit dem 1. Oktober 1898 erlischt der den Waarenzeichen bis dahin gewährte Schutz.

§. 25. Die zur Ausführung dieses Gesetzes erforderlichen Bestimmungen über die Einrichtung und den Geschäftsgang des Patentamts, sowie über das Verfahren vor demselben werden durch Kaiserliche Verordnung unter Zustimmung des Bundesraths getroffen.

§. 26. Dieses Gesetz tritt mit dem 1. Oktober 1894 in Kraft.

Von dem gleichen Zeitpunkte ab werden Anmeldungen von Waarenzeichen auf Grund des Gesetzes über Markenschutz vom 30. November 1874 nicht mehr angenommen.

Gesetz,

betreffend die Abzahlungsgeschäfte.

Vom 16. Mai 1894 (RGBl. 450).

§. 1. Hat bei dem Verkauf einer dem Käufer übergebenen beweglichen Sache, deren Kaufpreis in Theilzahlungen berichtigt werden soll, der Verkäufer sich das Recht vorbehalten, wegen Nichterfüllung der dem Käufer obliegenden Verpflichtungen von dem Vertrage zurückzutreten, so ist im Falle dieses Rücktritts jeder Theil verpflichtet, dem anderen

Theil die empfangenen Leistungen zurückzugewähren. Eine entgegenstehende Vereinbarung ist nichtig.

Dem Vorbehalte des Rücktrittsrechts steht es gleich, wenn der Verkäufer wegen Nichterfüllung der dem Käufer obliegenden Verpflichtungen kraft Gesetzes die Auflösung des Vertrages verlangen kann.

§. 2. Der Käufer hat im Falle des Rücktritts dem Verkäufer für die in Folge des Vertrages gemachten Aufwendungen, sowie für solche Beschädigungen der Sache Ersatz zu leisten, welche durch ein Verschulden des Käufers oder durch einen sonstigen von ihm zu vertretenden Umstand verursacht sind. Für die Ueberlassung des Gebrauchs oder der Benutzung ist deren Werth zu vergüten, wobei auf die inzwischen eingetretene Werthminderung der Sache Rücksicht zu nehmen ist. Eine entgegenstehende Vereinbarung, insbesondere die vor Ausübung des Rücktrittsrechts erfolgte vertragsmässige Festsetzung einer höheren Vergütung, ist nichtig.

Auf die Festsetzung der Höhe der Vergütung finden die Vorschriften des § 260 Absatz 1 der Civilprozessordnung entsprechende Anwendung.

§. 3. Die nach den Bestimmungen der §§ 1, 2 begründeten gegenseitigen Verpflichtungen sind Zug um Zug zu erfüllen.

§. 4. Eine wegen Nichterfüllung der dem Käufer obliegenden Verpflichtungen verwirkte Vertragsstrafe kann, wenn sie unverhältnissmässig hoch ist, auf Antrag des Käufers durch Urtheil auf den angemessenen Betrag herabgesetzt werden. Die Herabsetzung einer entrichteten Strafe ist ausgeschlossen.

Die Abrede, dass die Nichterfüllung der dem Käufer obliegenden Verpflichtungen die Fälligkeit der Restschuld zur Folge haben solle, kann rechtsgültig nur für den Fall getroffen werden, dass der Käufer mit mindestens zwei auf einander folgenden Theilzahlungen ganz oder theilweise im Verzug ist und der Betrag, mit dessen Zahlung er im Verzug ist, mindestens dem zehnten Theile des Kaufpreises der übergebenen Sache gleichkommt.

§. 5. Hat der Verkäufer auf Grund des ihm vorbehaltenen Eigenthums die verkaufte Sache wieder an sich genommen, so gilt dies als Ausübung des Rücktrittsrechts.

§. 6. Die Vorschriften der §§ 1 bis 5 finden auf Verträge, welche darauf abzielen, die Zwecke eines Abzahlungsgeschäfts (§ 1) in einer anderen Rechtsform, insbesondere durch miethweise Ueberlassung der Sache zu erreichen, entsprechende Anwendung, gleichviel ob dem Empfänger der Sache ein Recht, später deren Eigenthum zu erwerben, eingeräumt ist oder nicht.

§. 7. Wer Lotterieloose, Inhaberpapiere mit Prämien (Gesetz vom 8. Juni 1871, RGBl. S. 210) oder Bezugs- oder Antheilscheine auf solche Loose oder Inhaberpapiere gegen Theilzahlungen verkauft oder durch sonstige auf die gleichen Zwecke abzielende Verträge veräussert, wird mit Geldstrafe bis zu fünfhundert Mark bestraft.

Es begründet keinen Unterschied, ob die Uebergabe des Papiers vor oder nach der Zahlung des Preises erfolgt.

§. 8. Die Bestimmungen dieses Gesetzes finden keine Anwendung, wenn der Empfänger der Waare als Kaufmann in das Handelsregister eingetragen ist.

§. 9. Verträge, welche vor dem Inkrafttreten dieses Gesetzes abgeschlossen worden sind, unterliegen den Vorschriften desselben nicht.

Verkehrsordnung für die Eisenbahnen Deutschlands [1].

Vom 15. November 1892 (RGBl. 923).

Auszug.

§. 6. Verpflichtung zum Transporte. (1) Die Beförderung von Personen, Thieren und Sachen kann nicht verweigert werden, sofern

1. den geltenden Beförderungsbedingungen und den sonstigen allgemeinen Anordnungen der Eisenbahn entsprochen wird,
2. die Beförderung mit den regelmässigen Transportmitteln möglich ist,
3. nicht Umstände, welche als höhere Gewalt zu betrachten sind, die Beförderung verhindern.

(2) Gegenstände, deren Ein- und Ausladen besondere Vorrichtungen nöthig macht, ist die Eisenbahn nur auf und nach solchen Stationen anzunehmen verpflichtet, wo derartige Vorrichtungen bestehen.

§. 7. Transportpreise. Tarife. (1) Die Berechnung der Transportpreise erfolgt nach Massgabe der zu Recht bestehenden, gehörig veröffentlichten Tarife.

(2) Tariferhöhungen oder sonstige Erschwerungen der Beförderungsbedingungen treten nicht vor Ablauf von 6 Wochen nach ihrer Veröffentlichung in Kraft, sofern nicht der Tarif nur für eine bestimmte Zeit in Geltung gesetzt war.

(3) Jede Preisermässigung oder sonstige Begünstigung gegenüber den veröffentlichten Tarifen ist verboten und nichtig.

(4) Begünstigungen bei Transporten für milde und für öffentliche Zwecke sowie solche im dienstlichen Interesse der Eisenbahnen sind mit Genehmigung der Landesaufsichtsbehörde zulässig.

— — — — — — — — — —

§. 9. Haftung der Eisenbahn für ihre Leute. Die Eisenbahn haftet für ihre Leute und für andere Personen, deren sie sich bei Ausführung des von ihr übernommenen Transportes bedient.

— — — — — — — — — —

§ 33. Auslieferung des Gepäcks. (1) Das Gepäck wird nur gegen Rückgabe des Gepäckscheins ausgeliefert. Die Eisenbahn ist nicht verpflichtet, die Berechtigung des Inhabers zu prüfen.

(2) Der Inhaber des Gepäckscheins ist berechtigt, am Bestimmungsorte die sofortige Auslieferung des Gepäcks an der Ausgabestelle zu verlangen, sobald nach Ankunft des Zuges, zu welchem das Gepäck aufgegeben wurde, die zur ordnungsmässigen Ausladung und Ausgabe sowie zur etwaigen zoll- oder steueramtlichen Abfertigung erforderliche Zeit abgelaufen ist.

---

[1] Auf Grund des Art. 45 der Reichsverfassung durch Beschluss des Bundesrathes vom 15. November 1892 an die Stelle des Betriebsreglements für die Eisenbahnen Deutschlands vom 11. Mai 1874 getreten. Die Verkehrsordnung findet auf sämmtliche Eisenbahnen Deutschlands Anwendung, auf den internationalen Verkehr nur, soweit nicht das Internationale Uebereinkommen vom 14. Oktober 1890 (RGBl. 1892, S. 793 ff. und oben S. 261 ff.) abweichende Vorschriften getroffen hat. Ergänzungen der Verkehrsordnung bedürfen der Genehmigung der Landesaufsichtsbehörde. Abweichende Bestimmungen sind nur gestattet für Bahnen untergeordneter Bedeutung oder wo dies durch die Eigenart der Betriebsverhältnisse bedingt erscheint. Dieselben bedürfen der Genehmigung der Landesaufsichtsbehörde und des Reichseisenbahnamtes. Ergänzungen oder Abweichungen bedürfen zu ihrer Gültigkeit der Aufnahme in die veröffentlichten Tarife.

(3) Werden Gepäckstücke innerhalb 24 Stunden, Fahrzeuge innerhalb 2 Stunden nach Ankunft des Zuges nicht abgeholt, so ist das tarifmässige Lagergeld oder Standgeld zu entrichten. Kommt das Fahrzeug nach 6 Uhr Abends an, so wird die Abholungsfrist vom nächsten Morgen 6 Uhr ab gerechnet.

(4) Wird der Gepäckschein nicht beigebracht, so ist die Eisenbahn zur Auslieferung des Gepäcks nur nach vollständigem Nachweise der Empfangsberechtigung gegen Ausstellung eines Reverses und nach Umständen gegen Sicherheit verpflichtet.

(5) In der Regel ist das Gepäck nur auf der Station auszuliefern, wohin es abgefertigt ist. Das Gepäck kann jedoch auf Verlangen des Reisenden, sofern Zeit und Umstände sowie Zoll- und Steuervorschriften es gestatten, auch auf einer vorliegenden Station zurückgegeben werden. In einem solchen Falle hat der Reisende bei der Auslieferung des Gepäcks den Gepäckschein zurückzugeben und die Fahrkarte vorzuzeigen.

(6) Fahrzeuge, welche unterwegs in einen anderen Zug übergehen müssen, brauchen erst mit dem nächstfolgenden Personenzuge am Bestimmungsorte einzutreffen.

§. 34. Haftung der Eisenbahn für Reisegepäck. (1) Für das zur Beförderung übernommene Reisegepäck haftet die Eisenbahn nach den für die Beförderung von Gütern (Abschnitt VIII) geltenden Bestimmungen, soweit solche auf die Beförderung von Reisegepäck anwendbar sind und sich aus den Bestimmungen des gegenwärtigen Abschnitts nicht Abweichungen ergeben.

(2) Die etwaige Deklaration des Interesses an der Lieferung ist spätestens eine halbe Stunde vor Abgang des Zuges, mit welchem die Beförderung geschehen soll, an der Gepäck-Abfertigungsstelle unter Zahlung des tarifmässigen Frachtzuschlags (§ 84 Absatz 3) abzugeben; sie hat nur dann rechtliche Wirkung, wenn sie von der Abfertigungsstelle im Gepäckschein vermerkt ist.

(3) Die Eisenbahn ist von jeder Haftung für den Verlust von Reisegepäck frei, wenn es nicht innerhalb 8 Tagen nach Ankunft des Zuges (§ 33) auf der Bestimmungsstation abgefordert wird.

(4) Der Reisende, welchem das Gepäck nicht ausgeliefert wird, kann verlangen, dass ihm auf dem Gepäckschein Tag und Stunde der geschehenen Abforderung bescheinigt werde.

(5) Für den Verlust und die Beschädigung von Reisegepäck, welches nicht zur Beförderung aufgegeben worden ist (§§ 28 und 32), sowie von Gegenständen, welche in den Fahrzeugen belassen sind (§ 30), wird nur gehaftet, wenn ein Verschulden der Eisenbahn oder ihrer Leute nachgewiesen ist.

§. 35. In Verlust gerathene Gepäckstücke. (1) Fehlende Gepäckstücke werden nach Ablauf von 3 Tagen nach Ankunft des Zuges, zu welchem sie aufgegeben sind, als in Verlust gerathen betrachtet.

(2) Falls das Gepäckstück später gefunden wird, ist hiervon der Reisende, sofern sein Aufenthalt sich ermitteln lässt, auch wenn er bereits Entschädigung erhalten hat, zu benachrichtigen. Derselbe kann innerhalb 30 Tagen nach Empfang der Nachricht verlangen, dass ihm das Gepäckstück gegen Rückerstattung des erhaltenen Schadensersatzes, und zwar nach seiner Wahl entweder kostenfrei am Bestimmungsorte oder kosten- und frachtfrei am Aufgabeorte, verabfolgt wird.

§. 36. Haftung der Eisenbahn für verspätete Ankunft des Reisegepäcks. Die Haftung der Eisenbahn für Versäumung der Lieferzeit (§ 33) richtet sich nach folgenden Bestimmungen:

1. Der durch diese Versäumung nachweislich entstandene Schaden wird vergütet:
   a) bei stattgehabter Deklaration des Interesses an der Lieferung: bis zur Höhe des deklarirten Betrages;
   b) in Ermangelung einer solchen Deklaration für je angefangene 24 Stunden der Versäumung: mit höchstens 20 Pfennig für jedes Kilogramm des ausgebliebenen Gepäcks, bei Fahrzeugen (§ 30) mit höchstens 30 Mark für jedes ausgebliebene Fahrzeug.
2. Die Eisenbahn ist von der Haftung für den Schaden, welcher durch Versäumung der Lieferzeit entstanden ist, befreit, sofern sie beweist, dass die Verspätung von einem Ereigniss herrührt, welches sie weder herbeigeführt hat, noch abzuwenden vermochte.

§. 37. Gepäckträger. Aufbewahrung des Gepäcks. (1) Sofern von der Eisenbahn auf einer Station Gepäckträger zugelassen werden, müssen dieselben durch Dienstabzeichen erkennbar und mit einer gedruckten Dienstanweisung nebst Gebührentarif versehen sein. Sie haben auf Verlangen den Tarif vorzuzeigen, auch eine mit ihrer Nummer versehene Marke zu verabfolgen. Der Tarif ist auch an einem geeigneten Orte der Abfertigungsstelle und der Ausgabestelle auszuhängen.

(2) Falls sich die Reisenden solcher Gepäckträger für den von der Eisenbahn nicht übernommenen Transport des Gepäcks nach und von den Abfertigungsstellen bedienen, so geschieht dies ohne Verantwortlichkeit der Verwaltung.

(3) Auf grösseren Stationen müssen Einrichtungen bestehen, welche es dem Reisenden ermöglichen, sein Gepäck ohne Verantwortlichkeit der Verwaltung gegen eine festgesetzte Gebühr zur vorübergehenden Aufbewahrung zu übergeben.

§. 38. Zurückgelassene Gegenstände. (1) Alle im örtlichen Bezirk der Eisenbahn oder in den Wagen zurückgelassenen, an die Verwaltung abgelieferten Gegenstände sind mindestens 3 Monate aufzubewahren.

(2) Gegenstände, welche dem Verderben ausgesetzt sind, sind bestmöglich zu verkaufen, sobald deren Verderben zu befürchten ist.

(3) Nach Ablauf der dreimonatlichen Frist wird mit den Gegenständen und dem Erlöse nach Massgabe der gesetzlichen oder sonstigen Vorschriften verfahren.

VII. Beförderung von Expressgut.

§. 39. Begriff des Expressgutes. Die Eisenbahnen können in den Tarifen bestimmen, dass der Transport von Gütern, welche sich zur Beförderung in Packwagen eignen, auch wenn sie nicht als Reisegepäck (§ 30) zur Aufgabe gelangen, auf Gepäckschein oder auf besonderen Beförderungsschein zulässig ist (Expressgut).

§. 40. Aufgabe und Auslieferung des Expressgutes. (1) Bei Abfertigung des Exgressgutes mit Gepäckschein ist solcher in der Regel dem Absender auszuhändigen. In diesem Falle erfolgt die Auslieferung des Gutes am Bestimmungsorte gegen Rückgabe des Gepäckscheins. Jedoch kann auf Verlangen des Absenders der Gepäckschein auch der Sendung beigegeben werden, wenn diese mit der vollen Adresse des Empfängers versehen ist. In diesem Falle erfolgt die Auslieferung nach den besonderen Vorschriften jeder Verwaltung.

(2) Bei Abfertigung des Expressgutes mit Beförderungsschein muss dieser die Sendung stets begleiten und das Gut mit der vollen

Adresse des Empfängers versehen sein. Die Auslieferung erfolgt am Bestimmungsorte nach den in den Tarifen enthaltenen Vorschriften.

§. 41. Anwendbarkeit der Bestimmungen für Reisegepäck. Im Uebrigen finden auf die Beförderung von Expressgut die Bestimmungen des Abschnitts IV sinngemässe Anwendung, soweit nicht durch die Tarife die Anwendung des Abschnitts VIII vorgesehen ist.

— — — — — — — — — —

VII. Beförderung von lebenden Thieren.

§. 44. Besondere Beförderungsbedingungen. (1) Lebende Thiere werden nur unter der im § 6 Absatz 2 aufgeführten Voraussetzung zur Beförderung angenommen.

(2) Die Beförderung kranker Thiere kann abgelehnt werden. Inwiefern der Transport von Thieren wegen der Gefahr einer Verschleppung von Seuchen ausgeschlossen ist, richtet sich nach den bestehenden gesundheitspolizeilichen Vorschriften.

(3) Zum Transporte wilder Thiere ist die Eisenbahn nur bei Beachtung der von ihr im Interesse der Sicherheit vorzuschreibenden Bedingungen verpflichtet.

(4) Bei der Beförderung lebender Thiere ist die Eisenbahnverwaltung Begleitung zu fordern berechtigt. Die Begleiter haben, sofern nicht der Stationsvorsteher Ausnahmen zulässt, ihren Platz in den betreffenden Viehwagen zu nehmen und das Vieh während des Transportes zu beaufsichtigen. Bei kleinen Thieren, insbesondere Geflügel, bedarf es der Begleitung nicht, wenn sie in tragbaren, gehörig verschlossenen Käfigen aufgegeben werden. Die Käfige müssen luftig und geräumig sein.

(5) Der Absender muss das Einladen der Thiere in die Wagen sowie deren sichere Befestigung selbst besorgen und die erforderlichen Befestigungsmittel beschaffen. Das Ausladen liegt dem Empfänger ob.

(6) Vorausbezahlung des Transportpreises kann gefordert werden.

§. 45. Art der Abfertigung. Die Abfertigung der Thiere erfolgt — abgesehen von den Bestimmungen der §§ 27 und 30 Absatz 3 — nach der Vorschrift des Tarifes auf Grund von Beförderungsscheinen, welche von der Eisenbahn auszufertigen und dem Absender auszuhändigen sind, oder auf Grund von Frachtbriefen (§ 51).

§. 46. An- und Abnahme. (1) Die Eisenbahn hat bekannt zu machen, mit welchen Zügen die Beförderung von Thieren erfolgt. Die Annahme einzelner Stücke zur Beförderung hängt davon ab, ob geeigneter Raum vorhanden ist.

(2) Die Eisenbahn kann durch den Tarif festsetzen, dass die Annahme von lebenden Thieren mit Ausnahme von Hunden an Sonn- und Festtagen ausgeschlossen oder auf bestimmte Stunden beschränkt wird.

(3) Die Thiere müssen rechtzeitig, einzelne Stücke mindestens eine Stunde vor Abgang des Zuges, auf den Bahnhof gebracht werden. Bei der Ankunft an dem Bestimmungsorte werden die Thiere gegen Rückgabe des Beförderungsscheins oder nach Aushändigung des Frachtbriefes an den Empfänger gegen dessen Bescheinigung ausgeliefert. Das Ausladen und Abtreiben muss spätestens zwei Stunden nach der Bereitstellung und dem Ablauf der zur etwaigen zoll- oder steueramtlichen Abfertigung erforderlichen Zeit erfolgen. Nach Ablauf dieser Frist ist die Eisenbahn berechtigt, die Thiere auf Gefahr und Kosten des Absenders in Verpflegung zu geben oder, falls sie deren ferneren Aufenthalt im Wagen oder auf dem Bahnhofe gestattet, ein im Tarife festzusetzendes Standgeld zu erheben.

§. 47. Lieferfrist für Thiere. (1) Die Lieferfrist setzt sich aus Expeditions- und Transportfrist zusammen und darf nicht mehr betragen als:

1. an Expeditionsfrist . . . . 1 Tag,
2. an Transportfrist für je auch nur angefangene 300 Kilom. 1 „

(2) Sie beginnt mit der auf die Abstempelung des Frachtbriefes oder Aushändigung des Beförderungsscheins folgenden Mitternacht und ist gewahrt, wenn innerhalb derselben das Vieh auf der Bestimmungsstation zur Abnahme bereitgestellt ist.

(3) Der Lauf der Lieferfristen ruht ausser den Fällen des § 63 Absatz 6 auch für die Dauer des Aufenthalts des Viehes auf den Tränkestationen sowie für die Dauer der ärztlichen Viehbeschauung.

(4) Die Auslieferung von Pferden und Hunden, welche mit Personenzügen befördert werden, kann in der im § 33 Absatz 2 und 6 bestimmten Frist verlangt werden.

§. 48. Anwendbarkeit der Bestimmungen für Güter. (1) Im Uebrigen finden auf die Beförderung von Thieren die Bestimmungen des Abschnitts VIII sinngemässe Anwendung.

(2) Die Deklaration des Interesses an der Lieferung hat bei den auf Beförderungsschein abgefertigten Thieren nur dann eine rechtliche Wirkung, wenn sie von der Abfertigungsstelle der Abgangsstation im Beförderungsschein vermerkt ist.

VIII. Beförderung von Gütern.

§. 49. Direkte Beförderung. Die Eisenbahn ist verpflichtet, Güter zur Beförderung von und nach allen für den Güterverkehr eingerichteten Stationen anzunehmen, ohne dass es für den Uebergang von einer Bahn auf die andere einer Vermittelungsadresse bedarf.

§. 50. Von der Beförderung ausgeschlossene oder nur bedingungsweise zugelassene Gegenstände.

A. Von der Beförderung sind ausgeschlossen:

1. diejenigen Gegenstände, welche dem Postzwange unterworfen sind;
2. diejenigen Gegenstände, welche wegen ihres Umfangs, ihres Gewichts oder ihrer sonstigen Beschaffenheit nach der Anlage und dem Betriebe auch nur einer der Bahnen, welche an der Ausführung des Transportes theilzunehmen haben, sich zur Beförderung nicht eignen;
3. diejenigen Gegenstände, deren Beförderung aus Gründen der öffentlichen Ordnung verboten ist;
4. alle der Selbstentzündung oder Explosion unterworfenen Gegenstände, soweit nicht die Bestimmungen in Anlage B [1] Anwendung finden, insbesondere:
   a) Nitroglycerin (Sprengöl) als solches, abtropfbare Gemische von Nitroglycerin mit an sich explosiven Stoffen (wegen Würfelpulver sowie Sprenggelatine- und Gelatinedynamit-Patronen vergleiche Anlage B Nr. XXXVI Ziffer 5 und 6);
   b) nicht abtropfbare Gemische von Nitroglycerin mit pulverförmigen, an sich nicht explosiven Stoffen (Dynamit und ähnliche Präparate) in loser Masse (wegen Dynamitpatronen vergleiche Anlage B Nr. XXXVI Ziffer 6);

---

[1] Vgl. RGBl. 969 u. Bekanntm. betr. Aenderungen d. Anlage B zur Verkehrs-Ordnung für die Eisenbahnen Deutschlands vom 23. Febr. 93 (RGBl. 9);

c) pikrinsaure Salze, sowie explosive Gemische, die pikrinsaure oder chlorsaure Salze enthalten (wegen Streichhölzer und Wachspulver vergleiche Anlage B Nr. III und XXXVI b);

d) Knallquecksilber, Knallsilber und Knallgold, sowie die damit dargestellten Präparate (wegen Zündhütchen, Zündungen, Knallbonbons und Knallerbsen vergleiche Anlage B Nr. II, XXXVI a, XLI, XLIV);

e) solche Präparate, welche Phosphor in Substanz beigemischt enthalten (wegen der Streichhölzer sowie der Zündbänder und Zündblättchen — amorces — vergleiche Anlage B Nr. III und XLIII);

f) geladene Schusswaffen.

B. Bedingungsweise werden zur Beförderung zugelassen:

1. Die in Anlage B verzeichneten Gegenstände.

   Für deren Annahme und Beförderung sind die daselbst getroffenen näheren Bestimmungen massgebend.

2. Gold- und Silberbarren, Platina, Geld, geldwerthe Münzen und Papiere, Dokumente, Edelsteine, echte Perlen, Pretiosen und andere Kostbarkeiten, ferner Kunstgegenstände, wie Gemälde, Gegenstände aus Erzguss, Antiquitäten.

   Unter welchen Bedingungen diese Gegenstände zur Beförderung angenommen werden, bestimmen die besonderen Vorschriften jeder Eisenbahn.

   Als geldwerthe Papiere sind nicht anzusehen:

   gestempelte Postkarten, Postanweisungs-Formulare, Briefumschläge und Streifbänder, Postfreimarken, Stempelbogen und Stempelmarken, sowie ähnliche amtliche Werthzeichen.

3. diejenigen Gegenstände, deren Verladung oder Beförderung nach der Anlage und dem Betriebe einer der betheiligten Bahnen aussergewöhnliche Schwierigkeit verursacht.

   Die Beförderung solcher Gegenstände kann von jedesmal zu vereinbarenden besonderen Bedingungen abhängig gemacht werden.

4. Lokomotiven, Tender und Dampfwagen, sofern sie auf eigenen Rädern laufen.

   Dieselben müssen sich in lauffähigem Zustande befinden und von einem sachverständigen Beauftragten des Absenders begleitet sein.

§. 51. Inhalt des Frachtbriefes. (1) Jede Sendung muss von einem Frachtbriefe begleitet sein, welcher folgende Angaben enthält:

a) Ort und Tag der Ausstellung.

b) Die Bezeichnung der Versandstation.

c) Die Bezeichnung der Bestimmungsstationen und der Bestimmungsbahn, den Namen und den Wohnort des Empfängers sowie die etwaige Angabe, dass das Gut bahnlagernd gestellt ist. Bei Versendung von Gütern nach Orten, welche an einer Eisenbahn nicht gelegen, oder nach Eisenbahnstationen, welche für den Güterverkehr nicht eingerichtet sind, ist vom Absender die Eisenbahnstation zu bezeichnen, bis zu welcher das Gut befördert werden soll; der Empfänger hat den Weitertransport zu besorgen, sofern nicht für diesen von der Eisenbahn Einrichtungen getroffen sind (§ 68 Absatz 3).

d) Die Bezeichnung der Sendung nach ihrem Inhalte, die Angabe des Gewichts oder statt dessen eine den besonderen Vorschriften der Versandbahn entsprechende Angabe; ferner bei Stückgut die Anzahl, Art der Verpackung, Zeichen und Nummer der Frachtstücke.

Die Eisenbahn ist jedoch berechtigt, die letzteren Angaben auch bei Gütern in Wagenladungen zu verlangen, sofern die diese bildenden Frachtstücke derartige Bezeichnungen zulassen (§ 58 Absatz 4). Die in Anlage B aufgeführten Gegenstände sind unter der daselbst gebrauchten Bezeichnung in den Frachtbrief aufzunehmen.

e) Das Verlangen des Absenders, Ausnahmetarife unter den im § 81 für zulässig erklärten Bedingungen zur Anwendung zu bringen.

f) Die Angabe des etwa deklarirten Interesses an derLieferung (§§ 84 ff.).

g) Die Angabe, ob das Gut in Eilfracht oder in gewöhnlicher Fracht zu befördern ist (§ 56).

h) Das genaue Verzeichniss der für die zoll- oder steueramtliche Behandlung oder die polizeiliche Prüfung nöthigen Begleitpapiere (§ 59).

i) Den Frankaturvermerk im Falle der Vorausbezahlung der Fracht oder der Hinterlegung eines Frankaturvorschusses (§ 61).

k) Die auf dem Gute haftenden Nachnahmen, und zwar sowohl die erst nach Eingang auszuzahlenden, als auch die von der Eisenbahn geleisteten Baarvorschüsse (§ 62).

l) Bei Sendungen, welche einer zoll- oder steueramtlichen Abfertigung unterliegen, die zu berührende Abfertigungsstelle, falls der Absender eine solche zu bezeichnen wünscht. Die Eisenbahn hat eine derartige Vorschrift zu befolgen.

Im Uebrigen bleibt die Wahl des Transportweges ausschliesslich dem Ermessen der Eisenbahn überlassen; letztere ist jedoch verpflichtet, das Gut auf demjenigen Wege zu befördern, welcher nach den veröffentlichten Tarifen den billigsten Frachtsatz und die günstigsten Transportbedingungen darbietet.

m) Die Unterschrift des Absenders mit seinem Namen oder seiner Firma sowie Angabe seiner Wohnung. Die Unterschrift kann durch eine gedruckte oder gestempelte Zeichnung ersetzt werden.

n) Den etwaigen Antrag auf Ausstellung eines Frachtbrief-Duplikats oder eines Aufnahmescheins (§ 54).

(2) Die Aufnahme weiterer Erklärungen in den Frachtbrief, die Ausstellung anderer Urkunden anstatt des Frachtbriefes sowie die Beifügung anderer Schriftstücke zum Frachtbriefe ist unzulässig, sofern dieselben nicht durch die Verkehrs-Ordnung für statthaft erklärt sind.

§. 52. Form des Frachtbriefes. (1) Zur Ausstellung des Frachtbriefes sind Formulare nach Massgabe der Anlage C und D zu verwenden, welche auf allen Stationen zu den im Tarife festzusetzenden Preisen käuflich zu haben sind. Dieselben müssen für gewöhnliche Fracht auf weisses Papier, für Eilfracht gleichfalls auf weisses Papier, jedoch mit einem auf der Vorder- und Rückseite oben und unten am Rande anzubringenden karminrothen Streifen, gedruckt sein. Für die Frachtbriefe ist Schreibpapier zu verwenden, welches die von dem Reichs-Eisenbahn-Amt festzusetzende Beschaffenheit besitzt.

(2) Es können jedoch durch die Landesaufsichtsbehörde mit Zustimmung des Reichs-Eisenbahn-Amts für regelmässig wiederkehrende Transporte zwischen bestimmten Orten, sowie für Sendungen, welche zur Weiterbeförderung über See bestimmt sind, Abweichungen von den Vorschriften des ersten Absatzes zugelassen werden.

(3) Die Frachtbriefe müssen zur Beurkundung ihrer Uebereinstimmung mit den desfallsigen Vorschriften den Kontrolstempel einer inländischen Eisenbahn tragen. Die Stempelung erfolgt bei den nicht für Rechnung der Eisenbahn gedruckten Frachtbriefen gegen eine im Tarif

festzusetzende Gebühr und kann verweigert werden, sofern nicht gleichzeitig mindestens 100 Frachtbriefe vorgelegt werden.

(4) Sofern der auf dem Frachtbriefformular für die Beschreibung der Güter vorgesehene Raum sich als unzureichend erweist, hat dieselbe auf der Rückseite der für die Adresse bestimmten Hälfte des Formulars nach Massgabe der Spalten des Frachtbriefes zu erfolgen. Reicht auch dieser Raum nicht aus, so sind dem Frachtbriefe besondere, die Beschreibung enthaltende und vom Absender zu unterzeichnende Blätter im Formate des Frachtbriefes fest anzuheften, auf welche in diesem besonders hinzuweisen ist. In den erwähnten Fällen ist in den vorgedruckten Spalten des Frachtbriefes das Gesammtgewicht der Sendung unter Angabe der für die Tarifirung massgebenden Bezeichnung der Transportgegenstände, nöthigenfalls unter Scheidung derselben nach den Tarifklassen, anzugeben. Den beigegebenen Blättern ist der Abfertigungsstempel der Versandstation aufzudrücken.

(5) Es ist gestattet, auf die Rückseite der für die Adresse bestimmten Hälfte des Frachtbriefes die Firma des Ausstellers aufzudrucken. Ebendaselbst können auch die nachstehenden nachrichtlichen Vermerke für den Empfänger: „von Sendung des N. N.“ — „zur Verfügung des N. N.“ — „zur Weiterbeförderung an N. N.“ und „versichert bei N. N.“ mit dem ausdrücklichen Zusatze: „ohne Verbindlichkeit für die Eisenbahn“ angebracht werden. An gleicher Stelle sind die den Bestimmungen der internationalen Reblaus-Konvention entsprechende Erklärung und amtliche Bescheinigung aufzunehmen.

(6) Die stark umrahmten Theile des Formulars sind durch die Eisenbahn, die übrigen durch den Absender auszufüllen. Bei Aufgabe von Gütern, welche der Absender zu verladen hat, sind von diesem auch die Nummer und die Eigenthumsmerkmale des Wagens an der vorgeschriebenen Stelle einzutragen.

(7) Mehrere Gegenstände dürfen nur dann in einen und denselben Frachtbrief aufgenommen werden, wenn das Zusammenladen derselben nach ihrer Beschaffenheit ohne Nachtheil erfolgen kann und Zoll-, Steuer- und Polizeivorschriften nicht entgegenstehen. Den laut § 50 B bedingungsweise zur Beförderung zugelassenen Gegenständen sind besondere, andere Gegenstände nicht umfassende Frachtbriefe beizugeben. Werden bedingungsweise zur Beförderung zugelassene Gegenstände, für welche das Zusammenladen nach Anlage B Nr. XXXV gestattet ist, mit anderen Gütern zusammen zur Beförderung in Wagenladungen aufgegeben, so bedarf es der Beigabe eines besonderen Frachtbriefes für diese Gegenstände nicht. Für derartige Wagenladungen genügt **ein** Frachtbrief, in welchem jedoch die nur bedingungsweise zugelassenen Güter als solche durch Hinzufügung des Wortes („bedingungsweise)“ ausdrücklich bezeichnet werden müssen. Den vom Absender aufzuladenden oder vom Empfänger abzuladenden Gütern sind besondere, andere Gegenstände nicht umfassende Frachtbriefe beizugeben.

(8) Die Versandstation kann verlangen, dass für jeden Wagen ein besonderer Frachtbrief beigegeben wird.

§. 53. Haftung für die Angaben im Frachtbriefe, Bahnseitige Ermittelungen. Frachtzuschläge. (1) Der Absender haftet für die Richtigkeit der in den Frachtbrief aufgenommenen Angaben und Erklärungen und trägt alle Folgen, welche aus unrichtigen, ungenauen oder ungenügenden Erklärungen entspringen.

(2) Die Eisenbahn ist jederzeit berechtigt, die Uebereinstimmung des Inhalts der Sendungen mit den Angaben des Frachtbriefes zu prüfen und das Ergebniss festzustellen. Der Berechtigte ist einzuladen, bei der

Prüfung zugegen zu sein, vorbehaltlich des Falles, wenn die letztere auf Grund polizeilicher Massregeln, die der Staat im Interesse der Sicherheit oder der öffentlichen Ordnung zu ergreifen berechtigt ist, stattfindet. Erscheint der Berechtigte nicht, so sind zwei Zeugen beizuziehen.

(3) Zur Ermittelung des Gewichts und der Stückzahl einer Sendung ist die Eisenbahn jederzeit berechtigt. Die Eisenbahn ist verpflichtet, das Gewicht der Stückgüter bei der Aufgabe festzustellen. Ausdrücklichen Anträgen des Absenders auf Feststellung der Stückzahl oder des Gewichts der Wagenladungsgüter ist die Eisenbahn gegen eine im Tarife festzusetzende Gebühr stattzugeben verpflichtet, sofern die Güter vermöge ihrer Beschaffenheit eine derartige Feststellung ohne erheblichen Aufenthalt gestatten und die vorhandenen Wägevorrichtungen ausreichen.

(4) Dem Absender steht frei, bei der Ermittelung des Gewichts und der Stückzahl zugegen zu sein. Verlangt der Absender, nachdem die Feststellung seitens der Eisenbahn bereits erfolgt ist, vor der Verladung der Güter eine nochmalige Ermittelung der Stückzahl oder des Gewichts in seiner Gegenwart, so ist die Eisenbahn berechtigt, auch dafür die tarifmässige Gebühr zu erheben.

(5) Die Feststellung des Gewichts wird von der Versandstation durch den Wägestempel auf dem Frachtbriefe bescheinigt.

(6) Wenn nach den besonderen Vorschriften der einzelnen Eisenbahnen Güter von den Absendern selbst zu verladen sind, so dürfen die Wagen nur bis zu dem an denselben vermerkten Ladegewichte oder, sofern eine stärkere Belastung nach den besonderen Bestimmungen der Eisenbahn zulässig und nebst dem Ladegewichte auch die Tragfähigkeit an dem Wagen angeschrieben ist, bis zu dieser Tragfähigkeit beladen werden.

(7) Bei unrichtiger Angabe des Inhalts einer Sendung sowie im Falle der Ueberlastung eines dem Absender zur Selbstverladung gestellten Wagens, sofern er die Verwiegung nicht verlangt hat, ist — abgesehen von der Nachzahlung des etwaigen Frachtunterschiedes und dem Ersatze des entstandenen Schadens sowie den durch strafgesetzliche oder polizeiliche Bestimmungen vorgesehenen Strafen — ein Frachtzuschlag an die am Transporte betheiligten Eisenbahnen zu zahlen, dessen Höhe wie folgt festgesetzt wird.

(8) Wenn die im § 50 A Ziffer 4 und in der Anlage B aufgeführten Gegenstände unter unrichtiger oder ungenauer Deklaration zur Beförderung aufgegeben oder die in Anlage B gegebenen Sicherheitsvorschriften bei der Aufgabe ausser Acht gelassen werden, so beträgt der Frachtzuschlag 12 Mark für jedes Brutto - Kilogramm des ganzen Versandstückes.

(9) In allen anderen Fällen ist für unrichtige Angabe des Inhalts einer Sendung ein Frachtzuschlag zu zahlen, dessen Höhe durch die Tarife festgesetzt wird.

(10) Falls die Ueberlastung eines vom Absender beladenen Wagens sein Ladegewicht um mehr als 5 Prozent übersteigt, so beträgt der Gesammtfrachtzuschlag das Zehnfache des Frachtunterschiedes.

§. 54. Abschluss des Frachtvertrages. (1) Der Frachtvertrag ist abgeschlossen, sobald das Gut mit dem Frachtbriefe von der Versandstation zur Beförderung angenommen ist. Als Zeichen der Annahme wird dem Frachtbriefe der Tagesstempel der Abfertigungsstelle aufgedrückt.

(2) Die Abstempelung hat ohne Verzug nach vollständiger Auflieferung des in demselben Frachtbriefe verzeichneten Gutes und auf Verlangen des Absenders in dessen Gegenwart zu erfolgen.

(3) Der mit dem Stempel versehene Frachtbrief dient als Beweis über den Frachtvertrag.

(4) Jedoch machen bezüglich derjenigen Güter, deren Aufladen nach den Tarifen oder nach besonderer Vereinbarung von dem Absender besorgt wird, die Angaben des Frachtbriefes über das Gewicht und die Anzahl der Stücke gegen die Eisenbahn keinen Beweis, sofern nicht die Nachwägung oder Nachzählung seitens der Eisenbahn erfolgt und dies auf dem Frachtbriefe beurkundet ist.

(5) Die Eisenbahn ist verpflichtet, auf Verlangen des Absenders den Empfang des Frachtgutes, unter Angabe des Tages der Annahme zur Beförderung, auf einem ihr mit dem Frachtbriefe vorzulegenden, als solches zu bezeichnenden Duplikat des Frachtbriefes zu bescheinigen. Der Antrag auf Ertheilung des Duplikats ist vom Absender auf dem Frachtbriefe zu vermerken. Die Eisenbahn hat durch Aufdrückung eines Stempels zu bestätigen, dass dem Antrage entsprochen ist.

(6) Das Duplikat hat nicht die Bedeutung des Original-Frachtbriefes und ebensowenig diejenige eines Konnossements (Ladescheins).

(7) Bei solchen Gütern, welche nicht in ganzen Wagenladungen aufgegeben werden, kann an Stelle des Duplikats ein als solcher zu bezeichnender Aufnahmeschein ausgestellt werden, welcher dieselbe rechtliche Bedeutung wie das Duplikat hat.

(8) Auf Wunsch des Absenders kann der Empfang des Gutes auch in anderer Form, insbesondere mittelst Eintrags in ein Quittungsbuch u. s. w. bescheinigt werden. Eine derartige Bescheinigung hat nicht die Bedeutung eines Frachtbrief-Duplikats oder eines Aufnahmescheins.

§. 55. Vorläufige Einlagerung des Gutes. (1) Die Eisenbahn ist nur verpflichtet, die Güter zum Transporte anzunehmen, soweit die Beförderung derselben sofort erfolgen kann.

(2) Die Eisenbahn ist jedoch verpflichtet, die ihr zugeführten Güter, deren Beförderung nicht sofort erfolgen kann, soweit die Räumlichkeiten es gestatten, gegen Empfangsbescheinigung mit dem Vorbehalt in einstweilige Verwahrung zu nehmen, dass die Annahme zur Beförderung und die Aufdrückung des Abfertigungsstempels auf den Frachtbrief (§ 54 Absatz 1) erst dann erfolgt, wenn die Beförderung möglich ist. Der Absender hat im Frachtbriefe sein Einverständniss mit diesem Verfahren zu erklären. In diesem Falle haftet die Eisenbahn bis zum Abschluss des Frachtvertrages als Verwahrer.

(3) Mit Genehmigung der Aufsichtsbehörde ist die Eisenbahn berechtigt, im Falle sie Wagenladungsgüter, deren sofortige Beförderung nicht möglich ist, gleichwohl zum Transporte annimmt, mit dem Absender zu vereinbaren, dass für die Sendung die Lieferfrist von dem Tage an zu rechnen ist, an welchem die Absendung thatsächlich erfolgt. Der Absender hat sein Einverständniss auf dem Frachtbriefe zu erklären und auf dem Frachtbrief-Duplikat zu wiederholen. Die Eisenbahn ist verpflichtet, den Zeitpunkt der Absendung auf dem Frachtbriefe durch Aufdrückung eines besonderen Stempels ersichtlich zu machen und diesen Zeitpunkt dem Absender ohne Verzug mitzutheilen.

§. 56. Auflieferung und Beförderung des Gutes. (1) Das Gut muss in den von der Eisenbahn festzusetzenden Dienststunden aufgeliefert und, falls die Verladung tarifmässig dem Absender obliegt, innerhalb derselben verladen werden. Bei einer nach und nach stattfindenden Auflieferung der mit demselben Frachtbriefe aufgegebenen Sendung ist, sofern die Auflieferung durch den Absender über 24 Stunden verzögert wird, die Eisenbahn berechtigt, ein im Tarife festzusetzendes Lagergeld zu erheben. Dasselbe gilt in dem Falle, wenn Güter mit unvollständigem oder unrichtigem Frachtbriefe aufgeliefert sind und die Berichtigung nicht binnen 24 Stunden nach der Beanstandung erfolgt. Wegen der Anfuhr der Güter durch Rollfuhrunternehmer der Eisenbahn s. §. 68.

(2) Die Beförderung erfolgt, je nach der Bestimmung im Frachtbriefe, in Eilfracht oder in gewöhnlicher Fracht.

(3) An Sonn- und Festtagen wird gewöhnliches Frachtgut nicht angenommen und am Bestimmungsorte dem Empfänger nicht verabfolgt. Eilgut wird auch an Sonn- und Festtagen, aber nur in den ein- für allemal bestimmten, durch Aushang an den Abfertigungsstellen, sowie in einem Lokalblatte bekannt zu machenden Tageszeiten angenommen und ausgeliefert.

(4) Die Beförderung der Güter findet in der Reihenfolge statt, in welcher sie zum Transporte angenommen worden sind, sofern die Eisenbahn nicht zwingende Gründe des Eisenbahnbetriebes oder das öffentliche Interesse für eine Ausnahme geltend machen kann. Jede Zuwiderhandlung gegen diese Bestimmung begründet den Anspruch auf Ersatz des dadurch entstandenen Schadens.

(5) Die Eisenbahnen sind verpflichtet, Einrichtungen zu treffen, durch welche die Reihenfolge der Güterabfertigung festgestellt werden kann.

(6) Die Bereitstellung der Wagen für solche Güter, deren Verladung der Absender selbst besorgt, muss für einen bestimmten Tag nachgesucht und die Auflieferung und Verladung in der von der Eisenbahn zu bestimmenden Frist vollendet werden. Diese Frist ist durch Anschlag an den Abfertigungsstellen sowie in einem Lokalblatte bekannt zu machen.

(7) Erfolgt die Auflieferung und Verladung nicht innerhalb dieser Frist, so hat der Absender nach deren Ablauf das im Tarife festzusetzende Wagenstandgeld zu bezahlen. Bei Bestellung des Wagens ist auf Verlangen der Eisenbahn eine den Betrag einer Tagesversäumniss deckende Kaution zu erlegen. Auch ist die Eisenbahn berechtigt, den Wagen auf Kosten des Bestellers zu entladen und das Gut auf dessen Gefahr und Kosten auf Lager zu nehmen. Wenn die Eisenbahn fest zugesagte Wagen nicht rechtzeitig stellt, so hat sie dem Besteller eine dem Wagenstandgeld entsprechende Entschädigung zu zahlen.

§. 57. Beförderung in gedeckten oder in offenen Wagen. (1) Der Absender ist, sofern nicht eine Bestimmung der Verkehrs-Ordnung, oder Zoll-, Steuer- und polizeiliche Vorschriften oder zwingende Gründe des Betriebes entgegenstehen, berechtigt, durch schriftlichen Vermerk auf dem Frachtbriefe zu verlangen:

1. dass bei denjenigen Gütern, welche nach dem Tarife in offen gebauten Wagen befördert werden, die Beförderung in gedeckt gebauten Wagen erfolge,
2. dass bei denjenigen Gütern, welche nach dem Tarife in gedeckt gebauten Wagen befördert werden, die Beförderung in offen gebauten Wagen stattfinde.

(2) Im ersteren Falle kann die Eisenbahn einen im Tarife festzusetzenden Zuschlag zur Fracht erheben.

(3) Der Tarif bestimmt, ob und unter welchen Bedingungen auf den im Frachtbriefe zu stellenden Antrag des Absenders Decken für offen gebaute Wagen miethweise überlassen werden.

§. 58. Verpackung und Bezeichnung des Gutes. (1) Soweit die Natur des Frachtgutes zum Schutze gegen Verlust oder Beschädigung auf dem Transporte eine Verpackung nöthig macht, liegt die gehörige Besorgung derselben dem Absender ob.

(2) Ist der Absender dieser Verpflichtung nicht nachgekommen, so ist die Eisenbahn, falls sie nicht die Annahme des Gutes verweigert, berechtigt zu verlangen, dass der Absender auf dem Frachtbriefe das Fehlen oder die Mängel der Verpackung unter spezieller Bezeichnung anerkennt und der Versandstation hierüber ausserdem eine besondere Erklärung nach Massgabe des vorgeschriebenen Formulars Anlage E) ausstellt. Solche Formulare sind von der Abfertigungsstelle bereit zu halten.

(3) Für derartig bescheinigte sowie für solche Mängel der Verpackung, welche äusserlich nicht erkennbar sind, hat der Absender zu haften und jeden daraus entstehenden Schaden zu tragen beziehungsweise der Bahnverwaltung zu ersetzen. Ist die Ausstellung der gedachten Erklärung nicht erfolgt, so haftet der Absender für äusserlich erkennbare Mängel der Verpackung nur, wenn ihm ein arglistiges Verfahren zur Last fällt.

(4) Die Stückgüter sind in haltbarer, deutlicher und Verwechselungen ausschliessender Weise, genau übereinstimmend mit den Angaben im Frachtbriefe, äusserlich zu bezeichnen (signiren).

(5) Die Eisenbahn ist berechtigt zu verlangen, dass Stückgüter vom Absender mit der Bezeichnung der Bestimmungsstation in dauerhafter Weise versehen werden, sofern deren Beschaffenheit dies ohne besondere Schwierigkeit gestattet.

§. 59. Zoll-, Steuer-, Polizei- und statistische Vorschriften. (1) Der Absender ist verpflichtet, dem Frachtbriefe diejenigen Begleitpapiere beizugeben, welche zur Erfüllung der etwa bestehenden Zoll-, Steuer- oder Polizeivorschriften vor der Ablieferung an den Empfänger erforderlich sind. Er haftet der Eisenbahn, sofern derselben nicht ein Verschulden zur Last fällt, für alle Folgen, welche aus dem Mangel, der Unzulänglichkeit oder Unrichtigkeit dieser Papiere entstehen.

(2) Der Eisenbahn liegt eine Prüfung der Richtigkeit und Vollständigkeit derselben nicht ob.

(3) Die Zoll-, Steuer- und Polizeivorschriften werden, solange das Gut sich auf dem Wege befindet, von der Eisenbahn erfüllt. Sie kann diese Aufgabe unter ihrer eigenen Verantwortlichkeit einem Spediteur übertragen oder gegen eine im Tarife festzusetzende Gebühr selbst übernehmen. In beiden Fällen hat sie die Verpflichtungen eines Spediteurs.

(4) Falls der Absender eine Art der Abfertigung beantragt hat, welche im gegebenen Falle nicht zulässig ist, so hat die Eisenbahn diejenige Abfertigung zu veranlassen, welche sie für das Interesse des Absenders am vortheilhaftesten erachtet. Der Absender ist hiervon zu benachrichtigen.

(5) Der Verfügungsberechtigte kann der Zollbehandlung entweder selbst oder durch einen im Frachtbriefe bezeichneten Bevollmächtigten beiwohnen, um die nöthigen Aufklärungen über die Tarifirung des Gutes zu ertheilen und seine Bemerkungen beizufügen. Diese Befugniss begründet nicht das Recht, das Gut in Besitz zu nehmen oder die Zollbehandlung selbst vorzunehmen.

(6) Bei der Ankunft des Gutes am Bestimmungsorte steht dem Empfänger das Recht zu, die zoll- und steueramtliche Behandlung zu besorgen, falls nicht im Frachtbriefe etwas anderes festgesetzt ist.

(7) Bezüglich der Güter, welche über die Grenzen des deutschen

Zollgebiets ein-, aus- oder durchgeführt werden, sind die reichsgesetzlichen Bestimmungen, betreffend die Statistik des Waarenverkehrs, und die dazu erlassenen Ausführungsvorschriften zu beachten. Die Beschaffung der nach diesem Gesetze erforderlichen Anmeldescheine in Betreff der Ein-, Aus- und Durchfuhr liegt dem Absender beziehungsweise Empfänger ob. Sofern solche eisenbahnseitig bewirkt wird, kommen dafür die im Tarife festzusetzenden Gebühren zur Erhebung. Anmeldescheine, welche mit dem Stempel des Kaiserlichen Statistischen Amts nicht versehen sind, unterliegen behufs Feststellung ihrer Uebereinstimmung mit dem vorgeschriebenen Formular der zuvorigen Abstempelung seitens der Eisenbahn gegen die im Tarife festzusetzende Gebühr.

§. 60. Berechnung der Fracht. (1) Die Grundsätze für die Frachtberechnung sind im Tarife (§ 7) anzugeben.

(2) Ausser den im Tarife angegebenen Frachtsätzen und Vergütungen für besondere im Tarife vorgesehene Leistungen dürfen nur baare Auslagen erhoben werden, insbesondere Aus-, Ein- und Durchgangsabgaben, nicht in den Tarif aufgenommene Kosten für Ueberführung und Auslagen für Ausbesserungen an den Gütern, welche in Folge ihrer äusseren oder inneren Beschaffenheit zu ihrer Erhaltung nothwendig werden. Diese Auslagen sind gehörig festzustellen und in dem Frachtbriefe ersichtlich zu machen, welchem die Beweisstücke beizugeben sind.

(3) Wenn die Eisenbahn die Güter von der Behausung des Absenders abholen oder aus Schiffen löschen lässt, oder an die Behausung des Empfängers oder an einen andern Ort, z. B. nach Packhöfen, Lagerhäusern, Revisionsschuppen, in Schiffe u. s. w. bringen lässt, so sind die durch die Tarife oder durch Aushang an den Abfertigungsstellen bekannt zu machenden Gebühren hierfür zu entrichten. Der Rollfuhrmann hat seinen Gebührentarif bei sich zu tragen und auf Verlangen vorzuzeigen.

§. 61. Zahlung der Fracht. (1) Werden die Frachtgelder nicht bei der Aufgabe des Gutes zur Beförderung berichtigt, so gelten sie als auf den Empfänger angewiesen.

(2) Bei Gütern, welche nach dem Ermessen der annehmenden Bahnen schnellem Verderben unterliegen oder wegen ihres geringen Werthes die Fracht nicht sicher decken, kann die Vorausbezahlung der Frachtgelder gefordert werden.

(3) Wenn im Falle der Frankirung der Betrag der Gesammtfracht beim Versand nicht genau bestimmt werden kann, so kann die Versandbahn die Hinterlegung des ungefähren Frachtbetrages fordern.

(4) Wurde der Tarif unrichtig angewendet oder sind Rechnungsfehler bei der Festsetzung der Fracht und der Gebühren vorgekommen, so ist das zu wenig Geforderte nachzuzahlen, das zu viel Erhobene zu erstatten und zu diesem Zweck dem Berechtigten thunlichst bald Nachricht zu geben. Ein derartiger Anspruch kann nur binnen Jahresfrist vom Tage der Zahlung an geltend gemacht werden. Die Bestimmung des § 90 Absatz 1 findet keine Anwendung.

§. 62. Nachnahme. (1) Dem Absender ist gestattet, das Gut bis zur Höhe des Werthes desselben mit Nachnahme zu belasten. Bei denjenigen Gütern, für welche die Eisenbahn Vorausbezahlung der Fracht zu verlangen berechtigt ist (§ 61 Absatz 2), kann die Belastung mit Nachnahme verweigert werden.

(2) Für die aufgegebene Nachnahme wird die tarifmässige Provision berechnet. Die Berechnung von Provision ist auch für baare Auslagen der Eisenbahn gestattet. Provisionsfrei sind die von den Eisenbahnen

nachgenommenen Frachtgelder, die tarifmässigen Nebengebühren, als: Frachtbrief-, Wäge-, Signir-, Lade-, Krahngelder, Zollabfertigungsgebühren u. s. w., ferner die statistische Gebühr des Waarenverkehrs sowie Portoauslagen und die Rollgelder der von der Bahnverwaltung bestellten Fuhrunternehmer.

(3) Als Bescheinigung über die Auflegung von Nachnahmen dient der abgestempelte Frachtbrief, das Frachtbrief-Duplikat oder die anderweit gestattete Bescheinigung über Aufgabe von Gütern. Auf Verlangen werden ausserdem besondere Nachnahmescheine, und zwar gebührenfrei ertheilt.

(4) Die Eisenbahn ist verpflichtet, sobald der Betrag der Nachnahme von dem Empfänger bezahlt ist, den Absender hiervon zu benachrichtigen und demselben die Nachnahme auszuzahlen. Dies findet auch Anwendung auf Auslagen, welche vor der Aufgabe für das Frachtgut gemacht worden sind. Ist im Tarife die Auszahlung der Nachnahme vom Ablauf einer bestimmten Frist abhängig gemacht, so entfällt die Nothwendigkeit einer besonderen Benachrichtigung.

(5) Ist das Gut ohne Einziehung der Nachnahme abgeliefert worden, so haftet die Eisenbahn für den Schaden bis zum Betrage der Nachnahme und hat denselben dem Absender sofort zu ersetzen, vorbehaltlich ihres Rückgriffs gegen den Empfänger.

(6) Baarvorschüsse können zugelassen werden, wenn dieselben nach dem Ermessen des abfertigenden Beamten durch den Werth des Gutes sicher gedeckt sind.

§. 63. Lieferfrist. (1) Die Lieferfristen sind durch die Tarife zu veröffentlichen und dürfen die nachstehenden Maximalfristen nicht überschreiten:

a. für Eilgüter:

1. Expeditionsfrist . . . . 1 Tag,
2. Transportfrist
   für je auch nur angefangene 300 Kilometer . . . . 1 Tag;

b. für Frachtgüter:

1. Expeditionsfrist . . . . 2 Tage,
2. Transportfrist
   bei einer Entfernung bis zu 100 Kilometer . . . . 1 Tag,
   bei grösseren Entfernungen für je auch nur angefangene weitere 200 Kilometer . . . . 1 Tag.

(2) Wenn der Transport aus dem Bereiche einer Eisenbahnverwaltung in den Bereich einer anderen anschliessenden Verwaltung übergeht, so berechnen sich die Transportfristen aus der Gesammtentfernung zwischen der Aufgabe- und Bestimmungsstation, während die Expeditionsfristen ohne Rücksicht auf die Zahl der durch den Transport be rührten Verwaltungsgebiete nur einmal zur Berechnung kommen.

(3) Den Eisenbahverwaltungen ist gestattet, mit Genehmigung der Aufsichtsbehörde Zuschlagsfristen für folgende Fälle festzusetzen:

1. Für solche Güter, deren Beförderung von und nach abseits von der Bahn gelegenen Orten (Güternebenstellen) die Eisenbahn übernommen hat.
2. Für aussergewöhnliche Verkehrsverhältnisse, wobei es zulässig ist, die Zuschlagsfristen ausnahmsweise vorbehaltlich der Genehmigung der Aufsichtsbehörde festzusetzen.

3. Für den Uebergang auf Bahnen mit anderer Spurweite.
Die Zuschlagsfristen sind gehörig zu veröffentlichen. Aus der Bekanntmachung muss zu ersehen sein, ob und durch welche Behörde die Genehmigung ertheilt, oder ob eine solche vorbehalten ist. Im letzteren Falle muss die nachträglich erfolgte Genehmigung innerhalb 8 Tagen durch eine besondere Bekanntmachung veröffentlicht werden. Die Festsetzung von Zuschlagsfristen ist wirkungslos, wenn die nachträgliche Genehmigung von der Aufsichtsbehörde versagt, oder die ertheilte Genehmigung nicht rechtzeitig veröffentlicht wird.

(4) Die Lieferfrist beginnt, abgesehen von dem Falle des § 55 Absatz 3, mit der auf die Annahme des Gutes nebst Frachtbrief (§ 54 Absatz 1) folgenden Mitternacht und ist gewahrt, wenn innerhalb derselben das Gut dem Empfänger oder derjenigen Person, an welche die Ablieferung gültig geschehen kann, an die Behausung oder an das Geschäftslokal zugeführt ist oder, falls eine solche Zuführung nicht zugesagt oder ausdrücklich verbeten ist (§ 68 Absatz 5), wenn innerhalb der gedachten Frist schriftliche Nachricht von der erfolgten Ankunft für den Empfänger zur Post gegeben oder solche ihm auf andere Weise wirklich zugestellt ist.

(5) Für Güter, welche bahnlagernd gestellt sind, sowie für solche Güter, deren Empfänger sich die Benachrichtigung schriftlich verbeten haben, ist die Lieferzeit gewahrt, wenn das Gut innerhalb derselben auf der Bestimmungsstation zur Abnahme bereitgestellt ist.

(6) Der Lauf der Lieferfristen ruht für die Dauer der Zoll- oder steueramtlichen oder polizeilichen Abfertigung sowie für die Dauer einer ohne Verschulden der Eisenbahn eingetretenen Betriebsstörung, durch welche der Antritt oder die Fortsetzung des Bahntransportes zeitweilig verhindert wird.

(7) Ist der auf die Auflieferung des Gutes zur Beförderung folgende Tag ein Sonntag oder Festtag, so beginnt bei gewöhnlichem Frachtgute die Lieferfrist 24 Stunden später.

(8) Falls der letzte Tag der Lieferfrist ein Sonntag oder Festtag ist, so läuft bei gewöhlichem Frachtgute die Lieferfrist erst an dem folgenden Werktage ab.

§. 64. *Verfügungsrecht des Absenders.* (1) Der Absender allein hat das Recht, die Verfügung zu treffen, dass das Gut auf der Versandstation zurückgegeben, unterwegs angehalten oder an einen anderen als den im Frachtbriefe bezeichneten Empfänger am Bestimmungsorte oder auf einer Zwischenstation abgeliefert werde.

(2) Dieses Recht steht indess *im Falle der Ausstellung eines Frachtbrief-Duplikats oder eines Aufnahmescheins* (§ 54 Absatz 5 und 7) dem Absender nur dann zu, wenn er das Duplikat oder den Aufnahmeschein vorweist. Hat in diesem Falle die Eisenbahn die Anweisungen des Absenders befolgt, ohne die Vorzeigung zu verlangen, so ist sie für den daraus entstehenden Schaden dem Empfänger, welchem der Absender die Urkunde übergeben hat, haftbar.

(3) Derartige Verfügungen des Absenders ist die Eisenbahn zu beachten nur verpflichtet, wenn sie ihr durch Vermittelung der Versandstation zugekommen sind.

(4) Das Verfügungsrecht des Absenders erlischt, wenn er das Frachtbrief-Duplikat oder den Aufnahmeschein besitzt, sobald nach Ankunft des Gutes am Bestimmungsorte der Frachtbrief dem Empfänger übergeben oder die von dem letzteren nach Massgabe des § 66 erhobene Klage der Eisenbahn zugestellt worden ist. Ist dies geschehen, so hat

die Eisenbahn nur die Anweisungen des bezeichneten Empfängers zu beachten, widrigenfalls sie demselben für das Gut haftbar wird.

(5) Die Eisenbahn darf die Ausführung der im Absatz 1 vorgesehenen Anweisungen nur dann verweigern oder verzögern, oder solche Anweisungen in veränderter Weise ausführen, wenn durch die Befolgung derselben der regelmässige Transportverkehr gestört würde.

(6) Die im ersten Absatz dieses Paragraphen vorgesehenen Verfügungen müssen mittelst schriftlicher und vom Absender unterzeichneter Erklärung nach dem Formular F erfolgen. Die Erklärung ist im Falle der Ausstellung eines Frachtbrief-Duplikats oder eines Aufnahmescheins auf der betreffenden Urkunde zu wiederholen, welche gleichzeitig der Eisenbahn vorzulegen und von dieser dem Absender zurückzugeben ist.

(7) Jede in anderer Form gegebene Verfügung des Absenders ist nichtig.

(8) Die Eisenbahn kann den Ersatz der Kosten verlangen, welche durch die Ausführung der im Absatz 1 vorgesehenen Verfügungen entstanden sind, insoweit diese Verfügungen nicht durch ihr eigenes Verschulden veranlasst worden sind. Diese Kosten (Reugeld) sind im Tarife ein- für allemal festzusetzen.

(9) Anweisungen des Absenders wegen nachträglicher Auflage, Erhöhung, Minderung oder Zurückziehung der Nachnahme sowie wegen nachträglicher Frankirung können nach dem Ermessen der Eisenbahn unter der Bedingung zugelassen werden, dass die Verfügung auf dem etwa ausgestellten Frachtbrief-Duplikat (Aufnahmeschein) vermerkt wird.

§. 65. Transporthindernisse. (1) Wird der Antritt oder die Fortsetzung des Eisenbahntransportes durch höhere Gewalt oder Zufall verhindert, so hat — abgesehen von dem Falle des Absatzes 3 dieses Paragraphen — die Eisenbahn den Absender um anderweitige Verfügung über das Gut anzugehen.

(2) Der Absender kann vom Vertrage zurücktreten, muss aber die Eisenbahn, sofern derselben kein Verschulden zur Last fällt, für die Kosten der Vorbereitung des Transportes, die Kosten der Wiederausladung und die Ansprüche in Beziehung auf den etwa bereits zurückgelegten Transportweg durch Zahlung der in den Tarifen festzusetzenden Gebühren entschädigen.

(3) Wenn die Fortsetzung des Transportes auf einem anderen Wege stattfinden kann, so ist, unbeschadet der aus Rücksichten des allgemeinen Verkehrs ergehenden Anordnungen der Aufsichtsbehörde, der Eisenbahn die Entscheidung überlassen, ob es dem Interesse des Absenders entspricht, das Gut auf einem anderen Wege dem Bestimmungsorte zuzuführen oder es anzuhalten und den Absender um anderweitige Anweisung anzugehen.

(4) Ist ein Frachtbrief-Duplikat oder Aufnahmeschein ausgestellt worden und befindet sich der Absender nicht im Besitze der ausgestellten Urkunde, so dürfen die in diesem Paragraphen vorgesehenen Verfügungen weder die Person des Empfängers, noch den Bestimmungsort abändern.

§. 66. Ablieferung des Gutes. (1) Die Eisenbahn ist verpflichtet, am Bestimmungsorte dem bezeichneten Empfänger gegen Bezahlung der im Frachtbriefe ersichtlich gemachten Beträge und gegen Bescheinigung des Empfangs (§ 68 Absatz 7) den Frachtbrief und das Gut auszuhändigen.

(2) Der Empfänger ist nach Ankunft des Gutes am Bestimmungsorte berechtigt, die durch den Frachtvertrag begründeten Rechte gegen

Erfüllung der sich daraus ergebenden Verpflichtungen im eigenen Namen gegen die Eisenbahn geltend zu machen, sei es, dass er hierbei im eigenen oder im fremden Interesse handle. Er ist insbesondere berechtigt, von der Eisenbahn die Uebergabe des Frachtbriefes und die Auslieferung des Gutes zu verlangen. Dieses Recht erlischt, wenn der Absender der Eisenbahn eine nach Massgabe des § 64 zulässige entgegenstehende Verfügung ertheilt hat.

(3) Als Ort der Ablieferung gilt die vom Absender bezeichnete Bestimmungsstation.

§. 67. Annahme des Gutes durch den Empfänger. Durch Annahme des Gutes und des Frachtbriefes wird der Empfänger verpflichtet, der Eisenbahn die im Frachtbriefe ersichtlich gemachten Beträge zu zahlen. Vergleiche jedoch § 61 Absatz 4.

§ 68. Verfahren bei Ablieferung des Gutes. (1) Das Gut ist nach Massgabe der Bestimmung der Eisenbahnen entweder dem Empfänger an seine Behausung zuzuführen oder es ist ihm über die Ankunft schriftlich Nachricht zu geben. Diese Benachrichtigung ist dem Empfänger auf seine Kosten spätestens nach Ankunft und Bereitstellung des Gutes durch Boten, die Post oder sonstige Gelegenheit mit der Aufforderung zuzusenden, das Gut innerhalb der im Tarife bestimmten und in der Benachrichtigung zu bezeichnenden Frist abzunehmen. Die Benachrichtigung unterbleibt, wenn der Empfänger sich dieselbe verbeten hat, sowie bei bahnlagernd gestellten Gütern. Für die Ausfertigung der Benachrichtigung darf eine Gebühr nicht berechnet werden.

(2) Die Benachrichtigung über die Ankunft von Eilgut muss, sofern aussergewöhnliche Verhältnisse nicht eine längere Frist unvermeidlich machen, binnen 2 Stunden, die Zuführung in die Behausung des Empfängers binnen 6 Stunden nach Ankunft erfolgen. Diese Fristen ruhen an Sonn- und Festtagen von 12 Uhr Mittags, an Werktagen von 6 Uhr Abends bis zum Anfang der Dienststunden des folgenden Tages. Die Festsetzungen über die Lieferfrist (§ 63) werden hierdurch nicht berührt.

(3) Die Eisenbahn kann, wo sie es für angemessen erachtet, Rollfuhrunternehmer zum An- und Abfahren der Güter innerhalb des Stationsortes oder von und nach seitwärts gelegenen Ortschaften bestellen, auch an letzteren Güternebenstellen einrichten. Die Rollfuhrunternehmer gelten als Leute der Eisenbahn im Sinne des § 9 der Verkehrs-Ordnung. Vergleiche § 60 Absatz 3.

(4) Sind für Güter, deren Bestimmungsort nicht an der Eisenbahn gelegen oder eine nicht für den Güterverkehr eingerichtete Station ist, seitens der Verwaltung Einrichtungen zum Weitertransporte nicht getroffen, so hat die Eisenbahn, wenn nicht wegen sofortiger Weiterbeförderung vom Absender oder Empfänger Verfügung getroffen ist, entweder den Empfänger nach Massgabe der vorstehenden Bestimmungen zu benachrichtigen oder die Güter mittelst eines Spediteurs oder einer anderen Gelegenheit nach dem Bestimmungsorte auf Gefahr und Kosten des Absenders weiter befördern zu lassen.

(5) Diejenigen Empfänger, welche ihre Güter selbst abholen oder sich anderer als der von der Eisenbahn bestellten Fuhrunternehmer bedienen wollen, haben dies der Güter-Abfertigungsstelle rechtzeitig vorher, jedenfalls noch vor Ankunft des Gutes auf Erfordern der Abfertigungsstelle unter glaubhafter Bescheinigung ihrer Unterschrift, schriftlich anzuzeigen. Die Befugniss der Empfänger, ihre Güter selbst abzuholen oder durch andere als von der Eisenbahn bestellte Fuhrunternehmer abholen zu lassen, kann von der Eisenbahn im allgemeinen

Verkehrsinteresse mit Genehmigung der Aufsichtsbehörde beschränkt oder aufgehoben werden.

(6) Ausgeschlossen von der Selbstabholung sind diejenigen Güter, welche nach zoll- oder steueramtlichen Vorschriften oder aus anderen Gründen nach Packhöfen oder Niederlagen der Zoll- oder Steuerverwaltung gefahren werden müssen.

(7) Die Auslieferung des Gutes erfolgt gegen Zahlung der etwa darauf haftenden Fracht- und sonstigen Beträge und gegen Ausstellung der Empfangsbescheinigung. Letztere hat sich auf die einfache Anerkennung des Empfangs zu beschränken; weitere Erklärungen, namentlich über tadellosen oder rechtzeitigen Empfang, dürfen nicht gefordert werden. Güter, welche nicht durch die Eisenbahn zuzuführen sind, werden dem Empfänger auf Vorzeigung des seitens der Eisenbahn quittirten Frachtbriefes zur Verfügung gestellt, und zwar die vom Empfänger auszuladenden auf den Entladeplätzen, die übrigen Güter in den Abfertigungsräumen (auf den Güterböden).

(8) Der Empfänger ist berechtigt, bei der Auslieferung von Gütern deren Nachwägung in seiner Gegenwart auf dem Bahnhofe zu verlangen. Diesem Verlangen muss die Eisenbahn bei Stückgütern stets, bei Wagenladungsgütern insoweit, als die vorhandenen Wägevorrichtungen dazu ausreichen, nachkommen. Gestatten die Wägevorrichtungen der Eisenbahn eine Verwiegung von Wagenladungsgütern auf dem Bahnhofe nicht, so bleibt dem Empfänger überlassen, die Verwiegung da, wo derartige Wägevorrichtungen am nächsten zur Verfügung stehen, in Gegenwart eines von der Eisenbahn zu bestellenden Bevollmächtigten vornehmen zu lassen. Ergiebt die Nachwägung kein von der Eisenbahn zu vertretendes Mindergewicht, so hat der Empfänger die durch die Verwiegung entstandenen Kosten oder die tarifmässigen Gebühren sowie die Entschädigung für den etwa bestellten Bevollmächtigten zu tragen. Dagegen hat die Eisenbahn, falls ein von ihr zu vertretendes und nicht bereits anerkanntes Mindergewicht festgestellt wird, dem Empfänger die ihm durch die Nachwägung verursachten Kosten zu erstatten.

§. 69. Fristen für die Abnahme der nicht zugerollten Güter. (1) Die tarifmässig durch die Eisenbahn auszuladenden Güter sind binnen der im Tarife festzustellenden lagerzinsfreien Zeit, welche nicht weniger als 24 Stunden nach Absendung beziehungsweise Empfang (vergleiche § 68 Absatz 1 in Verbindung mit § 63 Absatz 4) der Benachrichtigung betragen darf, während der vorgeschriebenen Geschäftsstunden abzunehmen.

(2) Die Fristen, binnen welcher die von dem Empfänger abzuladenden Güter durch denselben auszuladen und abzuholen sind, werden durch die besonderen Vorschriften jeder Verwaltung festgesetzt und sind, sofern sie für deren ganzes Gebiet gleichmässig erlassen werden, durch den Tarif, andernfalls auf jeder Station durch Aushang an den Abfertigungsstellen sowie durch Bekanntmachung in einem Lokalblatte zur öffentlichen Kenntniss zu bringen. Erfolgt die Benachrichtigung über die Ankunft des Gutes durch die Post, so beginnen diese Fristen frühestens 3 Stunden nach der Aufgabe des Benachrichtigungsschreibens zur Post.

(3) Für bahnlagernd gestellte sowie für solche Güter, deren Empfänger sich die Benachrichtigung schriftlich verbeten haben, beginnt der Lauf der im Absatz 1 und 2 erwähnten Fristen mit Ankunft des Gutes.

(4) Sonn- und Festtage werden nicht mitgerechnet. Der Lauf der Entladefristen (Absatz 2) ruht für die Dauer der zoll- und steueramtlichen Abfertigung, sofern diese nicht durch den Absender oder den

Empfänger verzögert wird. Seitens der letzteren ist die Dauer der Abfertigung nachzuweisen.

(5) Wer das Gut nicht innerhalb der in diesem Paragraphen erwähnten Fristen abnimmt, hat ein in den Tarifen festzusetzendes Lagergeld oder Wagenstandgeld zu bezahlen. Auch ist die Eisenbahn berechtigt, die Ausladung der tarifmässig vom Empfänger auszuladenden Güter auf dessen Gefahr und Kosten zu besorgen.

(6) Dagegen ist die Eisenbahn zum Ersatze der nachgewiesenen Kosten der zwar rechtzeitig, aber vergeblich versuchten Abholung eines Gutes in dem Falle verpflichtet, wenn das Gut auf Benachrichtigung des Empfängers von der Ankunft nicht spätestens innerhalb 1 Stunde nach dem Eintreffen des Abholers zur Entladung oder Abgabe bereitgestellt ist.

(7) Wenn der geregelte Verkehr durch grosse Güteranhäufungen gefährdet wird, so ist die Eisenbahn zur Erhöhung der Lagergelder und der Wagenstandgelder und, wenn diese Massregel nicht ausreichen sollte, auch zur Verkürzung der Ladefristen und zur Beschränkung der lagerzinsfreien Zeit für die Dauer der Anhäufung der Güter, und zwar alles dieses unter Beachtung der für die Festsetzung von Zuschlagslieferfristen im § 63 Absatz 3 Ziffer 2 gegebenen Vorschriften berechtigt.

§. 70. Ablieferungshindernisse. (1) Bei Ablieferungshindernissen hat die Empfangsstation den Absender durch Vermittelung der Versandstation von der Ursache des Hindernisses unverzüglich in Kenntniss zu setzen. Sie darf in keinem Falle ohne ausdrückliches Einverständniss des Absenders das Gut zurücksenden. Dies gilt insbesondere von Gütern, deren An- oder Abnahme verweigert oder nicht rechtzeitig bewirkt wird oder deren Abgabe sonst nicht möglich ist.

(2) Derartige Güter hat die Eisenbahn auf Gefahr und Kosten des Absenders auf Lager zu nehmen und für dieselben die Sorgfalt eines ordentlichen Kaufmanns anzuwenden. Sie ist jedoch nach ihrem Ermessen auch berechtigt, solche Güter unter Nachnahme der darauf haftenden Kosten und Auslagen einem öffentlichen Lagerhause oder einem Spediteur für Rechnung und Gefahr dessen, den es angeht, auf Lager zu übergeben, wovon der Absender sofort zu benachrichtigen ist.

(3) Die Eisenbahn ist ferner befugt:

(a) Güter der im ersten Absatz erwähnten Art, wenn sie dem schnellen Verderben ausgesetzt sind, oder wenn sie nach den örtlichen Verhältnissen weder eingelagert noch einem Spediteur übergeben werden können, sofort,

(b) Güter, welche weder vom Empfänger abgenommen noch vom Absender zurückgenommen werden, frühestens 4 Wochen nach Ablauf der lagerzinsfreien Zeit, falls aber deren Werth durch längere Lagerung oder durch die daraus entstehenden Kosten unverhältnissmässig vermindert würde, auch schon früher,

ohne weitere Förmlichkeit bestmöglich zu verkaufen. Von dem bevorstehenden Verkaufe ist der Absender womöglich zu benachrichtigen, auch ist ihm der Erlös nach Abzug der Kosten zur Verfügung zu stellen.

§. 71. Feststellung von Verlust und Beschädigung des Gutes seitens der Eisenbahn. (1) In allen Verlust-, Minderungs- und Beschädigungsfällen haben die Eisenbahnverwaltungen sofort eine eingehende Untersuchung vorzunehmen, das Ergebniss schriftlich festzustellen und dasselbe den Betheiligten auf ihr Verlangen mitzutheilen.

(2) Wird insbesondere eine Minderung oder Beschädigung des Gutes von der Eisenbahn entdeckt oder vermuthet oder seitens des Verfügungsberechtigten behauptet, so hat die Eisenbahn den Zustand des Gutes,

den Betrag des Schadens und, soweit dies möglich, die Ursache und den Zeitpunkt der Minderung oder Beschädigung ohne Verzug protokollarisch festzustellen. Eine protokollarische Feststellung hat auch im Falle des Verlustes stattzufinden.

(3) Zur Feststellung in Minderungs- und Beschädigungsfällen sind unbetheiligte Zeugen oder, soweit dies die Umstände des Falles erfordern, Sachverständige, auch womöglich der Verfügunsberechtigte beizuziehen.

§. 72. Gerichtliche Feststellung von Ablieferungshindernissen, Verlust und Beschädigung. Jedem Betheiligten steht das Recht zu, unbeschadet des in den §§ 70 und 71 vorgesehenen Verfahrens, auch die gerichtliche Feststellung in Gemässheit der Bestimmungen des Handelsgesetzbuchs zu beantragen.

§. 73. Aktivlegitimation. Reklamationen. (1) Zur Geltendmachung der aus dem Eisenbahnfrachtvertrage gegenüber der Eisenbahn entspringenden Rechte ist nur derjenige befugt, welchem das Verfügungsrecht über das Frachtgut zusteht.

(2) Vermag der Absender das Duplikat des Frachtbriefes, den Aufnahmeschein oder eine Bescheinigung der Versandstation, dass eine solche Urkunde nicht ausgestellt ist, nicht beizubringen, so kann er seinen Anspruch nur mit Zustimmung des Empfängers geltend machen.

(3) Aussergerichtliche Ansprüche (Reklamationen) sind mit einer Bescheinigung über den Werth des Gutes und, wenn dem Empfänger der Frachtbrief übergeben ist, mit diesem anzubringen. Die Eisenbahnen haben derartige Ansprüche mit thunlichster Beschleunigung zu untersuchen und, sofern nicht eine gütliche Verständigung erfolgt, mittelst schriftlichen Bescheides zu erledigen.

§. 74. Haftung mehrerer Eisenbahnen. (1) Diejenige Bahn, welche das Gut mit dem Frachtbriefe zur Beförderung angenommen hat, haftet für die Ausführung des Transportes auch auf den folgenden Bahnen der Beförderungsstrecke bis zur Ablieferung.

(2) Jede nachfolgende Bahn tritt dadurch, dass sie das Gut mit dem ursprünglichen Frachtbriefe übernimmt, nach Massgabe des letzteren in den Frachtvertrag ein und übernimmt die selbständige Verpflichtung, den Transport nach Inhalt des Frachtbriefes auszuführen.

(3) Die Ansprüche aus dem Frachtvertrage können jedoch — unbeschadet des Rückgriffs der Bahnen gegen einander — im Wege der Klage nur gegen die erste Bahn oder gegen diejenige, welche das Gut zuletzt mit dem Frachtbriefe übernommen hat, oder gegen diejenige Bahn gerichtet werden, auf deren Betriebsstrecke der Schaden sich ereignet hat. Unter den bezeichneten Bahnen steht dem Kläger die Wahl zu.

(4) Das Wahlrecht erlischt mit Erhebung der Klage.

§. 75. Haftung für Verlust und Beschädigung im Allgemeinen. (1) Die Eisenbahn haftet nach Massgabe der in den folgenden Paragraphen enthaltenen näheren Bestimmungen für den Schaden, welcher durch Verlust, Minderung oder Beschädigung des Gutes seit der Annahme zur Beförderung bis zur Ablieferung entstanden ist, sofern sie nicht zu beweisen vermag, dass der Schaden durch ein Verschulden des Verfügungsberechtigen oder eine nicht von der Eisenbahn verschuldete Anweisung desselben, durch die natürliche Beschaffenheit des Gutes (namentlich durch inneren Verderb, Schwinden, gewöhnliche Leckage) oder durch höhere Gewalt herbeigeführt worden ist.

(2) Der Ablieferung an den Empfänger steht die Ablieferung an Zoll- und Revisionsschuppen nach Ankunft des Gutes auf der Bestimmungsstation sowie die nach Massgabe der Verkehrs-Ordnung stattfindende

Ablieferung des Gutes an Lagerhäuser oder an einen Spediteur gleich.

§. 76. Beschränkung der Haftung bezüglich des Bestimmungsortes. (1) Ist auf dem Frachtbriefe als Ort der Ablieferung ein nicht an der Eisenbahn liegender Ort bezeichnet, so besteht die Haftpflicht der Eisenbahn als Frachtführer nur bis zur letzten Eisenbahnstation. Bezug auf die Weiterbeförderung treten die Verpflichtungen des Spediteurs ein.

(2) Für Sendungen nach solchen seitwärts gelegenen Orten jedoch, nach welchen die Eisenbahn Einrichtungen für die Weiterbeförderung getroffen hat (§ 68 Absatz 3), erstreckt sich die Haftpflicht der Eisenbahn als Frachtführer auf den ganzen Transport.

(3) Ist von dem Absender auf dem Frachtbriefe bestimmt, dass das Gut an einem an der Eisenbahn liegenden Orte abgegeben werden oder liegen bleiben soll, so gilt, ungeachtet im Frachtbriefe ein anderweiter Bestimmungsort angegeben ist, der Transport als nur bis zu jenem ersteren, an der Bahn liegenden Orte übernommen, und die Eisenbahn ist nur bis zur Ablieferung an diesem Orte verantwortlich.

§. 77. Beschränkung der Haftung bei besonderen Gefahren. (1) Die Eisenbahn haftet nicht:

1. In Ansehung der Güter, welche nach der Bestimmung des Tarifes oder nach Vereinbarung mit dem Absender in offen gebauten Wagen transportirt werden,
   für den Schaden, welcher aus der mit dieser Transportart verbundenen Gefahr entstanden ist.
   Unter dieser Gefahr ist auffallender Gewichtsabgang oder Verlust ganzer Stücke nicht zu verstehen.
2. In Ansehung der Güter, welche, obgleich ihre Natur eine Verpackung zum Schutze gegen Verlust, Minderung oder Beschädigung auf dem Transporte erfordert, nach Erklärung des Absenders auf dem Frachtbriefe (§ 58) unverpackt oder mit mangelhafter Verpackung aufgegeben sind,
   für den Schaden, welcher aus der mit dem Mangel oder mit der mangelhaften Beschaffenheit der Verpackung verbundenen Gefahr enstanden ist.
3. In Ansehung derjenigen Güter, deren Auf- und Abladen nach Bestimmung des Tarifes oder nach besonderer Vereinbarung mit dem Absender, von diesem beziehungsweise dem Empfänger besorgt wird,
   für den Schaden, welcher aus der mit dem Auf- und Abladen oder mit mangelhafter Verladung verbundenen Gefahr entstanden ist.
4. In Ansehung der Güter, welche vermöge ihrer eigenthümlichen natürlichen Beschaffenheit der besonderen Gefahr ausgesetzt sind, Verlust, Minderung oder Beschädigung, namentlich Bruch, Rost, inneren Verderb, aussergewöhnliche Leckage, Austrocknung und Verstreuung zu erleiden,
   für den Schaden, welcher aus dieser Gefahr entstanden ist.
5. In Ansehung lebender Thiere,
   für den Schaden, welcher aus der mit der Beförderung dieser Thiere für dieselben verbundenen besonderen Gefahr entstanden ist.
6. In Ansehung derjenigen Güter, einschliesslich der Thiere, welchen nach der Bestimmung der Verkehrs-Ordnung, des Tarifes oder nach besonderer Vereinbarung mit dem Absender ein Begleiter beizugeben ist,

für den Schaden, welcher aus der Gefahr entstanden ist, deren Abwendung durch die Begleitung bezweckt wird.

(2) Wenn ein eingetretener Schaden nach den Umständen des Falles aus einer der in diesem Paragraphen bezeichneten Gefahren entstehen konnte, so wird bis zum Nachweise des Gegentheils vermuthet, dass der Schaden aus der betreffenden Gefahr wirklich entstanden ist.

(3) Eine Befreiung von der Haftpflicht kann auf Grund dieses Paragraphen nicht geltend gemacht werden, wenn nachgewiesen wird, dass der Schaden durch Verschulden der Eisenbahn oder ihrer Leute entstanden ist.

§. 78. Beschränkung der Haftung bei Gewichtsverlusten. (1) In Ansehung der Güter, welche nach ihrer natürlichen Beschaffenheit bei dem Transporte regelmässig einen Verlust an Gewicht erleiden, ist die Haftpflicht der Eisenbahn für Gewichtsverluste bis zu nachstehenden Normalsätzen ausgeschlossen.

(2) Der Normalsatz beträgt 2 Prozent bei flüssigen und feuchten, sowie bei nachstehenden trockenen Gütern: geraspelte und gemahlene Farbhölzer, Rinden, Wurzeln, Süssholz, geschnittener Taback, Fettwaaren, Seifen und harte Oele, frische Früchte, frische Tabacksblätter, Schafwolle, Häute, Felle, Leder, getrocknetes und gebackenes Obst, Thierflechsen, Hörner und Klauen, Knochen (ganz und gemahlen), getrocknete Fische, Hopfen, frische Kitte.

(3) Bei allen übrigen trockenen Gütern der im Absatz 1 bezeichneten Art beträgt der Normalsatz 1 Prozent.

(4) Der Normalsatz wird, im Falle mehrere Stücke auf einen und denselben Frachtbrief befördert worden sind, für jedes Stück besonders berechnet, wenn das Gewicht der einzelnen Stücke im Frachtbriefe verzeichnet oder sonst erweislich ist.

(5) Diese Beschränkung der Haftpflicht tritt nicht ein, insoweit nachgewiesen wird, dass der Verlust nach den Umständen des Falles nicht in Folge der natürlichen Beschaffenheit des Gutes entstanden ist, oder dass der angenommene Prozentsatz dieser Beschaffenheit oder den sonstigen Umständen des Falles nicht entspricht.

(6) Bei gänzlichem Verlust des Gutes findet ein Abzug für Gewichtsverlust nicht statt.

§. 79. Vermuthung für den Verlust des Gutes. Der zur Klage Berechtigte kann das Gut ohne weiteren Nachweis als in Verlust gerathen betrachten, wenn sich dessen Ablieferung um mehr als 30 Tage nach Ablauf der Lieferfrist (§ 63) verzögert.

§. 80. Höhe des Schadensersatzes bei Verlust des Gutes. Wenn auf Grund der vorhergehenden Bestimmungen von der Eisenbahn für gänzlichen oder theilweisen Verlust des Gutes Ersatz geleistet werden muss, so ist der gemeine Handelswerth, in dessen Ermangelung der gemeine Werth zu ersetzen, welchen Gut derselben Art und Beschaffenheit am Orte der Ablieferung zu der Zeit hatte, zu welcher das Gut abzuliefern war. Davon kommt in Abzug, was in Folge des Verlustes an Fracht, Zöllen und sonstigen Kosten erspart ist.

§. 81. Höhe des Schadensersatzes bei ermässigten Ausnahmetarifen. Es ist den Eisenbahnen gestattet, besondere Bedingungen (Ausnahmetarife) mit Festsetzung eines im Falle des Verlustes, der Minderung oder Beschädigung zu ersetzenden Maximalbetrages zu veröffentlichen, sofern diese Ausnahmetarife eine Preisermässigung für den ganzen Transport gegenüber den gewöhnlichen Tarifen jeder Eisenbahn enthalten und der gleiche Maximalbetrag auf die ganze Transportstrecke Anwendung findet.

§. 82. Wiederauffinden des Gutes. (1) Der Entschädigungsberechtigte kann, wenn er die Entschädigung für das in Verlust gerathene Gut in Empfang nimmt, in der Quittung den Vorbehalt machen, dass er, für den Fall, als das Gut binnen 4 Monaten nach Ablauf der Lieferfrist wieder aufgefunden wird, hiervon seitens der Eisenbahnverwaltung sofort benachrichtigt werde. Ueber den Vorbehalt ist eine Bescheinigung zu ertheilen.

(2) In diesem Falle kann der Entschädigungsberechtigte innerhalb 30 Tagen nach erhaltener Nachricht verlangen, dass ihm das Gut nach seiner Wahl an dem Versand- oder an dem im Frachtbriefe angegebenen Bestimmungsorte kostenfrei gegen Rückerstattung der ihm bezahlten Entschädigung ausgeliefert werde.

(3) Wenn der im ersten Absatz erwähnte Vorbehalt nicht gemacht worden ist, oder wenn der Entschädigungsberechtigte in der im zweiten Absatz bezeichneten dreissigtägigen Frist das dort vorgesehene Begehren nicht gestellt hat, oder endlich, wenn das Gut erst nach 4 Monaten nach Ablauf der Lieferfrist wieder aufgefunden wird, so kann die Eisenbahn über das wieder aufgefundene Gut frei verfügen.

§. 83. Höhe des Schadensersatzes bei Beschädigung des Gutes. Im Falle der Beschädigung hat die Eisenbahn den ganzen Betrag des Minderwerthes des Gutes zu bezahlen. Im Falle die Beförderung nach einem Ausnahmetarife im Sinne des § 81 stattgefunden hat, wird der zu bezahlende Schadensbetrag verhältnissmässig herabgemindert.

§. 84. Deklaration des Interesses an der Lieferung. (1) Der Absender kann das Interesse an der Lieferung mit den in den folgenden §§ 85 und 87 vorgesehenen Rechtswirkungen deklariren. In diesem Falle ist ein im Tarife festzusetzender Frachtzuschlag zu entrichten.

(2) Die Summe, zu welcher das Interesse an der Lieferung deklarirt wird, muss im Frachtbriefe an der dafür vorgesehenen Stelle mit Buchstaben eingetragen werden.

(3) Der Frachtzuschlag für die Deklaration des Interesses an der Lieferung darf 5 vom Tausend der deklarirten Summe für je angefangene 200 Kilometer nicht übersteigen.

(4) Der geringste zur Erhebung kommende Frachtzuschlag beträgt 40 Pfennig.

(5) Ueberschiessende Beträge werden auf 10 Pfennig abgerundet.

§. 85. Höhe des Schadensersatzes für Verlust oder Beschädigung bei Deklaration des Interesses an der Lieferung. Hat eine Deklaraton des Interesses an der Lieferung stattgefunden, so kann der Berechtigte im Falle des Verlustes, der Minderung oder der Beschädigung, ausser der durch die §§ 80 und 83 festgesetzten Entschädigung, noch einen weiteren Schadensersatz bis zur Höhe des in der Deklaration festgesetzten Betrages beanspruchen. Das Vorhandensein und die Höhe dieses weiteren Schadens hat der Berechtigte zu erweisen.

§. 86. Haftung für Versäumung der Lieferfrist. Die Eisenbahn haftet für den Schaden, welcher durch Versäumung der Lieferfrist (§ 63) entstanden ist, sofern sie nicht beweist, dass die Verspätung von einem Ereignisse herrührt, welches sie weder herbeigeführt hat noch abzuwenden vermochte.

§. 87. Höhe des Schadensersatzes bei Versäumung der Lieferfrist. Wenn auf Grund des vorhergehenden Paragraphen für Versäumung der Lieferfrist Ersatz zu leisten ist, so können folgende Vergütungen beansprucht werden:

I. Wenn eine Deklaration des Interesses an der Lieferung nicht stattgefunden hat:

1. ohne Nachweis eines Scadens, falls die Verspätung 12 Stunden übersteigt:

Bei einer Verspätung bis einschliesslich	1 Tag	$^1/_{10}$ der Fracht,
" " " " "	2 Tage	$^2/_{10}$ " "
" " " " "	3 "	$^3/_{10}$ " "
" " " " "	4 "	$^4/_{10}$ " "
" " " von längerer Dauer		$^5/_{10}$ " "

2. Wird der Nachweis eines Schadens erbracht, so kann der Betrag des Schadens bis zur Höhe der ganzen Fracht beansprucht werden.

II. Wenn eine Deklaration des Interesses an der Lieferung stattgefunden hat:

1. ohne Nachweis eines Schadens, falls die Verspätung 12 Stunden übersteigt:

Bei einer Verspätung bis einschliesslich	1 Tag	$^2/_{10}$ der Fracht,
" " " " "	2 Tage	$^4/_{10}$ " "
" " " " "	3 "	$^6/_{10}$ " "
" " " " "	4 "	$^8/_{10}$ " "
" " " von längerer Dauer		die ganze Fracht.

2. Wird der Nachweis eines Schadens erbracht, so kann der Betrag des Schadens beansprucht werden.

In beiden Fällen darf die Vergütung den deklarirten Betrag des Interesses nicht übersteigen.

§. 88. Schadensersatz bei Arglist und grober Fahrlässigkeit. Die Vergütung des vollen Schadens kann in allen Fällen gefordert werden, wenn derselbe in Folge der Arglist oder der groben Fahrlässigkeit der Eisenbahn entstanden ist.

§. 89. Ausschluss der Haftung. Wenn Gegenstände, welche vom Transporte ausgeschlossen oder zu demselben nur bedingungsweise zugelassen sind, unter unrichtiger oder ungenauer Deklaration zur Beförderung aufgegeben, oder wenn die für dieselben vorgesehenen Sicherheitsvorschriften vom Absender ausser Acht gelassen werden, so ist jede Haftpflicht der Eisenbahn auf Grund des Frachtvertrages ausgeschlossen.

§. 90. Erlöschen der Ansprüche nach Bezahlung der Fracht und Annahme des Gutes. (1) Ist die Fracht nebst den sonst auf dem Gute haftenden Forderungen bezahlt und das Gut angenommen, so sind alle Ansprüche gegen die Eisenbahn aus dem Frachtvertrage erloschen.

(2) Hiervon sind jedoch ausgenommen:

1. Entschädigungsansprüche, bei welchen der Berechtigte nachweisen kann, dass der Schaden durch Arglist oder grobe Fahrlässigkeit der Eisenbahn herbeigeführt worden ist;
2. Entschädigungsansprüche wegen Verspätung, wenn die Reklamation spätestens am siebenten Tage, den Tag der Annahme nicht mitgerechnet, bei einer der nach § 74 in Anspruch zu nehmenden Eisenbahnen angebracht wird;
3. Entschädigungsansprüche wegen solcher Mängel, deren Feststellung gemäss § 71 vor der Annahme des Gutes durch den Empfänger erfolgt ist, oder deren Feststellung nach § 71 hätte erfolgen sollen und durch Verschulden der Eisenbahn unterblieben ist;
4. Entschädigungsansprüche wegen äusserlich nicht erkennbarer

Mängel, deren Feststellung nach der Annahme erfolgt ist, jedoch nur unter nachstehenden Voraussetzungen:

a) es muss unmittelbar nach der Entdeckung des Schadens und spätestens 4 Wochen nach der Empfangnahme des Gutes der Antrag auf Feststellung gemäss § 71 bei der Eisenbahn oder bei dem zuständigen Gerichte angebracht werden;

b) der Berechtigte muss beweisen, dass der Mangel während der Zeit zwischen der Annahme zur Beförderung und der Ablieferung entstanden ist.

War indessen die Feststellung des Zustandes des Gutes durch den Empfänger auf der Empfangsstation möglich und hat die Eisenbahn sich bereit erklärt, dieselbe dort vorzunehmen, so findet die Bestimmung unter Ziffer 4 keine Anwendung.

(3) Es steht dem Empfänger frei, die Annahme des Gutes, auch nach Annahme des Frachtbriefes und Bezahlung der Fracht, insolange zu verweigern, als nicht seinem Antrage auf Feststellung der von ihm behaupteten Mängel stattgegeben ist Vorbehalte bei der Annahme des Gutes sind wirkungslos, sofern sie nicht unter Zustimmung der Eisenbahn erfolgt sind.

(4) Wenn von mehreren auf dem Frachtbriefe verzeichneten Gegenständen einzelne bei der Ablieferung fehlen, so kann der Empfänger in der Empfangsbescheinigung die nicht abgelieferten Gegenstände unter spezieller Bezeichnung derselben ausschliessen.

(5) Alle in diesem Paragraphen erwähnten Entschädigungsansprüche müssen schriftlich erhoben werden.

§. 91. Verjährung. (1) Die Klagen gegen die Eisenbahn wegen gänzlichen Verlustes oder wegen Verminderung, Beschädigung oder verspäteter Ablieferung des Gutes verjähren nach einem Jahre.

(2) Die Frist beginnt in Ansehung der Klagen wegen gänzlichen Verlustes mit dem Ablauf des Tages, an welchem die Ablieferung hätte bewirkt sein müssen; in Ansehung der Klagen wegen Verminderung, Beschädigung oder verspäteter Ablieferung mit dem Ablauf des Tages, an welchem die Ablieferung geschehen ist.

(3) In gleicher Art sind die Einreden wegen Verlustes, Verminderung, Beschädigung oder verspäteter Ablieferung des Gutes erloschen, wenn nicht die Anzeige von diesen Thatsachen an die Eisenbahn binnen der einjährigen Frist abgesandt worden ist.

(4) Die Bestimmungen dieses Paragraphen finden in Fällen des Betruges oder der Veruntreuung der Eisenbahn keine Anwendung.

IX. Schlussbestimmung.

(1) Die Verkehrs-Ordnung sowie Aenderungen derselben werden durch das Reichs-Gesetzblatt veröffentlicht.

(2) Jede Eisenbahnverwaltung hat nach dem neuesten Stande ergänzte Exemplare der Verkehrsordnung zum Verkaufe bereit zu halten.

Berichtigungen und Nachträge.

Zu Seite 68, Anm. Das Gesetz über den Wucher hat durch Gesetz vom 19. Juni 1893 (RGBl. 197) folgende Ergänzung erhalten:

302e. Dieselbe Strafe (§ 302d) trifft denjenigen, welcher mit Bezug auf ein Rechtsgeschäft anderer als der im § 302a bezeichneten Art gewerbs- oder gewohnheitsmässig unter Ausbeutung der Nothlage, des Leichtsinns oder der Unerfahrenheit eines Anderen sich oder einem Dritten Vermögensvortheile versprechen oder gewähren lässt, welche den Werth der Leistung dergestalt überschreiten, dass nach den Umständen des Falles die Vermögensvortheile in auffälligem Missverhältniss zu der Leistung stehen.

Die Bestimmungen des Art. 3 des Gesetzes finden auch auf die Fälle des § 302e Anwendung.

Art. 4 des neuen Gesetzes bestimmt:

4. Wer aus dem Betriebe von Geld- oder Kreditgeschäften ein Gewerbe macht, hat die Rechnung des Geschäftsjahres für jeden, welcher ein Geschäft der bezeichneten Art mit ihm abgeschlossen hat und daraus sein Schuldner geworden ist, abzuschliessen und dem Schuldner binnen drei Monaten nach Schluss des Jahres einen schriftlichen Auszug dieser Rechnung mitzutheilen, der ausser dem Ergebniss derselben auch erkennen lässt, wie solches erwachsen ist.

Wer sich dieser Verpflichtung vorsätzlich entzieht, wird mit Geldstrafe bis zu fünfhundert Mark oder mit Haft bestraft und verliert den Anspruch auf die Zinsen für das verflossene Jahr hinsichtlich der Geschäfte, welche in den Rechnungsauszug aufzunehmen waren.

Die vorstehenden Bestimmungen finden keine Anwendung:

1. *wenn das Schuldverhältniss auf nur Einem während des abgelaufenen Geschäftsjahres abgeschlossenen Rechtsgeschäfte beruht, über dessen Entstehung und Ergebniss dem Schuldner eine schriftliche Mittheilung behändigt ist;*
2. *auf öffentliche Banken, Notenbanken, Bodenkreditinstitute und Hypothekenbanken auf Aktien, auf öffentliche Leihanstalten, auf Spar- und Darleihinstitute öffentlicher Korporationen und auf eingetragene Genossenschaften, soweit es sich bei den eingetragenen Genossenschaften um den Geschäftsverkehr mit den Mitgliedern handelt;*
3. *auf den Geschäftsverkehr zwischen Kaufleuten, deren Firma in das Handelsregister eingetragen ist.*

Zu Seite 188. Vgl. das Uebereinkommen des Deutschen Reiches mit Oesterreich-Ungarn, Italien und der Schweiz über den gegenseitigen Patent-, Muster- und Markenschutz, vom 6. Dez. 1891 (RGBl. 1892, S. 289), 18. Jan. 1892 (RGBl.) 1892, S. 293) und 13. April 1892 (RGBl. 1894, S. 511).

Gegenseitigkeit des Markenschutzes besteht jetzt auch mit Bulgarien (RGBl. 1894, S. 112).

Zu dem Patentgesetze vgl. VO. zur Ausführung des Patentgesetzes und des Gesetzes betr. den Schutz von Gebrauchsmustern vom 7. April 1891 (RGBl. 349), ferner VO. vom 6. Dez. 1891 betr. das Berufungsverfahren beim Reichsgericht in Patentsachen (RGBl. 389).

Zu Seite 245. Die österreichischen Vereinsthaler sind im Deutschen Reiche auf Grund des Gesetzes vom 28. Febr. 1892 (RGBl. 315) seit dem 1. April 1894 ausser Kurs gesetzt.

Zu Seite 252. An die Stelle des Gesetzes betr. die Erhebung von Reichsstempelabgaben, vom 1. Juli 1881, ist das

Reichsstempelgesetz

vom 27. April 1894 (RGBl. 381 ff.)

getreten. Dasselbe enthält gegenüber dem bisherigen Gesetze folgende Abweichungen.

Statt **§. 3.** Absatz 1: Ausländische Werthpapiere, welche durch ein im Auslande abgeschlossenes Geschäft von einem zur Zeit des Geschäftsabschlusses im Inlande wohnhaften Kontrahenten angeschafft sind und ihm aus dem Auslande übersandt oder von ihm oder einem Vertreter aus dem Auslande abgeholt werden, sind von dem Erwerber binnen vierzehn Tagen nach der Einbringung der Werthpapiere in das Inland zur Versteuerung anzumelden. Wer dieses unterlässt oder wer Werthpapiere der unter den Tarifnummern 1 bis 3 bezeichneten Art im Inlande ausgiebt, veräussert, verpfändet oder ein anderes Geschäft unter Lebenden damit macht oder Zahlung darauf leistet, bevor die Verpflichtung zur Versteuerung erfüllt oder den Kontrolvorschriften des Bundesraths genügt ist, verfällt in eine Geldstrafe, welche dem fünfundzwanzigfachen Betrage der hinterzogenen Abgabe gleichkommt, mindestens aber zwanzig Mark für jedes Werthpapier beträgt.

§. 6. Die vor dem Inkrafttreten dieses Gesetzes ausgegebenen inländischen und mit Reichsstempel versehenen ausländischen Werthpapiere werden nach dem Gesetze vom 1. Juli 1881 beurtheilt. Das Gleiche gilt für nach dem Inkrafttreten des Gesetzes ausgegebene inländische Werthpapiere in Ansehung der vorher geleisteteten Zahlungen. Vor dem Inkrafttreten dieses Gesetzes ausgestellte, noch nicht mit dem Reichsstempel versehene ausländische Werthpapiere sind, wenn sie innerhalb sechs Monaten nach diesem Zeitpunkte zur Stempelung vorgelegt werden, nach dem Gesetze vom 1. Juli 1881, bei späterer Vorlegung nach den durch gegenwärtiges Gesetz für inländische Werthpapiere derselben Art in den Tarifnummern 1a und 2a festgesetzten Sätzen zu verstempeln.

Werthpapiere, welche lediglich zum Zweck des Umtausches, das heisst behufs Erneuerung der Urkunde ohne Veränderung des ursprünglichen Rechtsverhältnisses, ausgestellt worden sind, bleiben steuerfrei, wenn die zum Umtausch gelangenden Stücke ordnungsmässig versteuert oder steuerfrei sind und den vom Bundesrath zu erlassenden Kontrolvorschriften genügt worden ist.

Die bisherigen §§ 6 und 7 werden zu §§ 7 und 8.

Statt der §§ 8 und 9: **§. 9.** Zur Entrichtung der Abgabe ist zunächst verpflichtet:

1. wenn das Geschäft durch einen im Inlande wohnhaften Vermittler abgeschlossen ist, dieser,
   andernfalls:
2. wenn nur einer der Kontrahenten im Inlande wohnhaft ist, dieser,
3. wenn von den Kontrahenten nur der eine ein im Inlande wohnhafter nach Artikel 28 des Handelsgesetzbuchs zur Führung von Handelsbüchern verpflichteter Kaufmann ist, der letztere,

4. wenn es sich um das Abwickelungsgeschäft zwischen dem Kommissionär und dem Kommittenten handelt (§ 8 Absatz 3), der Kommissionär,
5. in allen übrigen Fällen der Veräusserer.

Die im Inlande wohnhaften Vermittler und die Kontrahenten haften für die Abgabe als Gesammtschuldner, indessen ist bei Geschäften, für welche die Abgabe nur im halben Betrage zu entrichten ist (§ 7 Absatz 2), der nicht im Inlande wohnhafte Kontrahent für die Entrichtung der Abgabe nicht verhaftet.

Der Vermittler ist berechtigt, den Ersatz der entrichteten Abgabe von jedem für die Abgabe verhafteten Kontrahenten zu fordern.

Statt §. 12. Absatz 2, ferner statt **§. 13**: Wird bei Kommissionsgeschäften für einen auswärtigen Kommittenten, welcher seinerseits als Kommissionär eines Dritten handelt, die Schlussnote mit dem Zusatze „in Kommission“ ausgestellt, so bleibt das Abwickelungsgeschäft zwischen ihm und seinem Kommittenten von der Abgabe befreit, wenn er die Schlussnote mit dem Vermerk versieht, dass sich eine versteuerte, über denselben Betrag oder dieselbe Menge und denselben Preis lautende Schlussnote mit zu bezeichnender Nummer (§ 14) in seinen Händen befindet.

Umfasst eine Schlussnote ein Kaufgeschäft und gleichzeitig ein zu einer späteren Zeit zu erfüllendes Rückkaufgeschäft über in der Tarifnummer 4 bezeichnete Gegenstände derselben Art und in demselben Betrage, beziehungsweise derselben Menge (Report-, Deport-, Kostgeschäft), so ist die Abgabe nur für das dem Werthe nach höhere dieser beiden Geschäfte zu berechnen.

§. 13. Tauschgeshäfte, bei welchen verschiedene Abschnitte oder Stücke mit verschiedenen Zinsterminen von Werthpapieren derselben Gattung ohne anderweite Gegenleistung Zug um Zug ausgetauscht werden, sind steuerfrei.

Uneigentliche Leihgeschäfte, das heisst solche, bei denen der Empfänger befugt ist, an Stelle der empfangenen Werthpapiere andere Stücke gleicher Gattung zurückzugeben, bleiben steuerfrei, wenn diese Geschäfte ohne Ausbedingung oder Gewährung eines Leihgeldes, Entgeldes, Aufgeldes oder einer sonstigen Leistung und unter Festsetzung einer Frist von längstens einer Woche für die Rücklieferung der Werthpapiere abgeschlossen werden. Die darüber auszufertigenden Schlussnoten müssen diese Festsetzung sowie den Vermerk „Unentgeltliches Leihgeschäft“ enthalten.

§. 14. Die Schlussnoten sind nach der Zeitfolge numerirt von den im § 39 bezeichneten Anstalten, sowie denjenigen Anstalten und Personen, welche gewerbsmässig abgabepflichtige Kauf- und sonstige Anschaffungsgeschäfte betreiben oder vermitteln, fünf Jahre lang, von anderen Personen ein Jahr lang aufzubewahren.

Die bisherigen §§ 14—44 werden zu §§ 15—45.

Statt §. 18. **§. 19.** Absatz 1: Wer den Vorschriften im § 10 Absatz 1 und 2, § 11 Absatz 1 und 2 und § 15 zuwiderhandelt oder eine Schlussnote wahrheitswidrig mit dem im § 12 Absatz 2 oder § 13 bezeichneten Vermerk versieht, oder im Falle der Tarifnummer 4a behufs Erlangung einer Steuerermässigung unrichtige Nachweise vorlegt, hat eine Geldstrafe verwirkt, welche dem fünfzigfachen Betrage der hinterzogenen Abgabe oder der beanspruchten Steuerermässigung gleichkommt, mindestens aber zwanzig Mark beträgt.

Hinter § 25 (jetzt 26) Absatz 1 wird als Absatz 2 eingeschoben:

Die gleiche Strafe trifft denjenigen, welcher Wetteinsätze der in der Tarifnummer 5 bezeichneten Art entgegennimmt, ohne einen Ausweis darüber anzustellen.

Statt **§. 28** (29): Loose etc. inländischer Unternehmungen, für welche vor Inkrafttreten dieses Gesetzes die obrigkeitliche Erlaubniss bereits ertheilt ist, sowie ausländische Loose, welche vor diesem Zeitpunkte in das Bundesgebiet eingeführt, auch binnen drei Tagen nach demselben bei der zuständigen Behörde angemeldet sind, und die Loose der Staatslotterien, deren Ausgabe auch nur für eine Klasse bereits vor diesem Zeitpunkte begonnen hat, unterliegen der Reichsstempelabgabe nur nach Massgabe der bisherigen gesetzlichen Bestimmungen.

Statt **§. 33** (34): Zuwiderhandlungen gegen die Vorschriften dieses Gesetzes oder gegen die zu dessen Ausführung erlassenen Vorschriften, die im Gesetze mit keiner besonderen Strafe belegt sind, ziehen eine Ordnungsstrafe bis zu einhundertfünfzig Mark nach sich.

Dieselbe Strafe tritt ein, wenn in den Fällen der §§ 3, 19 und 26 aus den Umständen sich ergiebt, dass eine Steuerhinterziehung nicht hat verübt werden können oder nicht beabsichtigt worden ist.

Statt **§. 38** (39) Absatz 2: Der Prüfung in Bezug auf die Abgabenentrichtung durch von den Landesregierungen zu bestimmende höhere Beamte unterliegen öffentliche Anstalten, Aktiengesellschaften, Kommanditgesellschaften auf Aktien, eingetragene Genossenschaften und Gesellschaften mit beschränkter Haftung, sofern sie abgabepflichtige Geschäfte der unter Nummer 4 des Tarifs bezeichneten Art gewerbsmässig betreiben oder vermitteln. Der gleichen Prüfung unterliegen die zur Erleichterung der Liquidation von Zeitgeschäften bestimmten Anstalten.

Statt des bisherigen Tarif (S. 259):

Tarif.

Lauf. Nr.	Gegenstand der Besteuerung	Steuersatz vom Hundert	Steuersatz vom Tausend	ℳ	₰	Berechnung der Stempelabgabe
	Aktien-, Renten- und Schuldverschreibungen.					
1.	a) Inländische Aktien und Aktienantheilsscheine sowie Interimsscheine über Einzahlungen auf diese Werthpapiere	1	—	—	—	
	b) Ausländische Aktien und Aktienantheilsscheine, wenn sie im Inlande ausgehändigt, veräussert, verpfändet oder wenn daselbst andere Geschäfte unter Lebenden damit gemacht oder Zahlungen darauf geleistet werden, — unter der gleichen Voraussetzung auch Interimsscheine über Einzahlungen auf diese Werthpapiere . .	$1^1/_2$	—	—	—	
	Die Abgabe ist von jedem Stück nur einmal zu entrichten.					

Gegenstand der Besteuerung	Steuersatz vom Hundert	Steuersatz vom Tausend	ℳ	₰	Berechnung der Stempelabgabe
Befreit sind: Inländische Aktien und Aktienantheilsscheine, sowie Interimsscheine über Einzahlungen auf diese Werthpapiere, sofern sie von Aktiengesellschaften ausgegeben werden, welche nach der Entscheidung des Bundesraths ausschliesslich gemeinnützigen Zwekken dienen, den zur Vertheilung gelangenden Reingewinn satzungsmässig auf eine höchstens vierprozentige Verzinsung der Kapitaleinlagen beschränken, auch bei Ausloosungen oder für den Fall der Auflösung nicht mehr als den Nennwerth ihrer Antheile zusichern und bei der Auflösung den etwaigen Rest des Gesellschaftsvermögens für gemeinnützige Zwecke bestimmen. Die von solchen Aktiengesellschaften beabsichtigten Veranstaltungen müssen auch für die minder begüterten Volksklassen bestimmt sein.					vom Nennwerthe, bei Interimsscheinen vom Betrage der bescheinigten Einzahlungen, und zwar zu 1 a in Abstufungen von 1 Mark, zu 1 b in Abstufungen von $1\frac{1}{2}$ Mark für je 100 Mark oder einen Bruchtheil dieses Betrages. Der nachweislich versteuerte Betrag der Interimsscheine wird auf den Betrag der demnächst etwa zu versteuernden Aktien u. s. w. angerechnet. Ausländische Werthe werden nach den Vorschriften wegen Erhebung des Wechselstempels umgerechnet.
a) Inländische für den Handelsverkehr bestimmte Renten- und Schuldverschreibungen (auch Partialobligationen), sofern sie nicht unter Nr. 3 fallen, sowie Interimsscheine über Einzahlungen auf diese Werthpapiere	—	4	—	—	vom Nennwerthe, bei Interimsscheinen vom Betrage der bescheinigten Einzahlungen, und zwar, zu 2 a in Abstufungen von 40 Pfennig, zu 2 b in Abstufungen von 60 Pfennig für je 100 Mark oder einen Bruchtheil dieses Betrages. Der nachweislich versteuerte Betrag der Interimsscheine wird auf den Betrag der demnächst etwa zu versteuernden Rentenverschreibungen u. s. w. angerechnet. Ist der Kapitalwerth von Rentenverschreibungen aus diesen selbst nicht ersichtlich, so gilt als solcher der 25 fache Betrag der einjährigen Rente. Ausländische Werthe werden nach den Vorschriften wegen Erhebung des Wechselstempels umgerechnet.
b) Renten- und Schuldverschreibungen ausländischer Staaten, Korporationen, Aktiengesellschaften oder industrieller Unternehmungen und sonstige für den Handelsverkehr bestimmte ausländische Renten- und Schuldverschreibungen, wenn sie im Inlande ausgehändigt, veräussert, verpfändet, oder wenn daselbst andere Geschäfte unter Lebenden damit gemacht, oder Zahlungen darauf geleistet werden, — unter der gleichen Voraussetzung auch Interimsscheine über Einzahlungen auf diese Werthpapiere	—	6	—	—	
Die Abgabe ist von jedem Stück nur einmal zu entrichten. Befreit sind: 1. Renten- und Schuldverschreibungen des Reichs und der Bundesstaaten, sowie Interimsscheine über Einzahlungen auf diese Werthpapiere; 2. die auf Grund des Reichsgesetzes vom 8. Juni 1871 abgestempelten ausländischen Inhaberpapiere mit Prämien.					

Lauf. Nr.	Gegenstand der Besteuerung	Steuersatz vom Hundert	Steuersatz vom Tausend	ℳ	₰	Berechnung der Stempelabgabe
(2)	Anmerkung zu Tarifnummer 1 und 2. Der Aushändigung ausländischer Werthpapiere im Inlande wird es gleichgeachtet, wenn solche Werthpapiere, welche durch ein im Auslande abgeschlossenes Geschäft von einem zur Zeit des Geschäftsabschlusses im Inlande wohnhaften Kontrahenten angeschafft sind, diesem aus dem Auslande übersandt oder von ihm oder einem Vertreter aus dem Auslande abgeholt werden. Genussscheine und ähnliche zum Bezuge eines Antheils an dem Gewinn einer Aktienunternehmung berechtigende Werthpapiere, sofern sie sich nicht als Aktien oder Aktienantheilsscheine (Tarifnummer 1) oder als Renten- oder Schuldverschreibungen (Tarifnummer 2) darstellen, unterliegen einer festen Abgabe, die für					
	a) solche, welche als Ersatz an Stelle amortisirter Aktien ausgegeben werden	—	—	—	50	von jeder einzelnen Urkunde
	b) alle übrigen, und zwar 1. inländische	—	—	3	—	
	2. ausländische	—	—	5	—	
	beträgt. Vor dem 1. Mai 1894 ausgegebene Genussscheine sind der vorbezeichneten Abgabe nicht unterworfen.					
3.	a) Inländische auf den Inhaber lautende und auf Grund staatlicher Genehmigung ausgegebene Renten- und Schuldverschreibungen der Kommunalverbände und Kommunen, sowie Interimsscheine über Einzahlungen auf diese Werthpapiere	—	1	—	—	vom Nennwerthe beziehungsweise vom Betrage der bescheinigten Einzahlungen nach Massgabe der Vorschriften für die Abgabenberechnung bei inländischen Werthpapieren der unter Nr. 2. bezeichneten Art, und zwar in Abstufungen von 10 beziehungsweise 20 Pfennig für je 100 Mark oder einen Bruchtheil dieses Betrages.
	b) Inländische auf den Inhaber lautende und auf Grund staatlicher Genehmigung ausgegebene Renten- und Schuldverschreibungen der Korporationen ländlicher oder städtischer Grundbesitzer, der Grundkredit- und Hypothekenbanken oder der Transportgesellschaften, sowie Interimsscheine über Einzahlungen auf diese Werthpapiere	—	2	—	—	
	Kauf- und sonstige Anschaffungsgeschäfte.					
4.	a) Kauf und sonstige Anschaffungsgeschäfte über 1. ausländische Banknoten, ausländisches Papiergeld, ausländische Geldsorten;					

Lauf. Nr.	Gegenstand der Besteuerung	Steuersatz vom Hundert	Steuersatz vom Tausend	ℳ	₰	Berechnung der Stempelabgabe
(4)	2. Werthpapiere der unter Nr. 1, 2 und 3 des Tarifs bezeichneten Art	—	$^2/_{10}$	—	—	vom Werthe des Gegenstandes des Geschäfts, und zwar in Abstufungen von 20 beziehungsweise 40 Pfg. für je 1000 Mark oder einen Bruchtheil dieses Betrages. Der Werth des Gegenstandes wird nach dem vereinbarten Kauf- oder Lieferungspreis, sonst durch den mittleren Börsen- oder Marktpreis am Tage des Abschlusses bestimmt. Die zu den Werthpapieren gehörigen Zins- und Gewinnantheilsscheine bleiben bei Berechnung der Abgabe ausser Betracht. Bei Geschäften über die unter Nr. 2 Befreiungen Nr. 1 und Nr. 3 des Tarifs aufgeführten Papiere bleibt der den Nennwerth übersteigende Werth der angegeschafften Werthpapiere dieser Gattung ausser Betracht, wenn der gesammte Nennwerth 5000 Mark nicht übersteigt. Ausländische Werthe sind nach den Vorschriften wegen Erhebung des Wechselstempels umzurechnen.
	Den Kauf- und sonstigen Anschaffungsgeschäften steht gleich die bei Errichtung einer Aktiengesellschaft oder Kommanditgesellschaft auf Aktien erfolgende Zutheilung der Aktien auf Grund vorhergehender Zeichnung, die bei Errichtung einer Aktiengesellschaft stattfindende Uebernahme der Aktien durch die Gründer und die Ausreichung von Werthpapieren an den ersten Erwerber. Ermässigung. Hat ein Kontrahent nachweislich im Arbitrageverkehr unter die Tarifnummer 4a 1 und 2 fallende Gegenstände derselben Gattung im Inlande gekauft und im Auslande verkauft oder umgekehrt, oder an dem einen Börsenplatze des Auslandes gekauft und an dem anderen verkauft, so ermässigt sich die Stempelabgabe von jedem dieser Geschäfte, soweit deren Werthbeträge sich decken, zu Gunsten dieses Kontrahenten um ein Zwanzigstel vom Tausend, wenn die beiden einander gegenüberstehenden Geschäfte zu festen Kursen an demselben oder an zwei unmittelbar auf einander folgenden Börsentagen abgeschlossen sind. Es macht keinen Unterschied, ob der Kontrahent die Geschäfte im Auslande selbst oder durch eine Metaverbindung abgeschlossen hat. Unter der gleichen Voraussetzungen tritt diese Steuerermässigung ein, wenn An- und Verkäufen von ausländischen Banknoten oder ausländischem Papiergeld Geschäfte über Kontanten oder Wechsel gegenüberstehen. Eine einmalige, längstens halbmonatliche Prolongation im Auslande abgeschlossener Geschäfte dieser Art bleibt steuerfrei. Die Geschäfte sind zunächst nach dem vollen Betrage zu versteuern. Der Bundesrath erlässt die näheren Vorschriften darüber, auf Grund welcher Nachweise die Erstattung des zuviel verwendeten Stempels erfolgt.					
	b) Kauf- und sonstige Anschaffungsgeschäfte, welche unter Zugrunde-					

Lauf. Nr.	Gegenstand der Besteuerung	Steuersatz vom Hundert	Steuersatz vom Tausend	Steuersatz ℳ	Steuersatz ₰	Berechnung der Stempelabgabe
(4)	legung von Usancen einer Börse geschlossen werden (Loko-, Zeit-, Fix-, Termin-, Prämien- u. s. w. Geschäfte), über Mengen von Waaren, die börsenmässig gehandelt werden	—	4/10	—	—	
	Als börsenmässig gehandelt gelten diejenigen Waaren, für welche an der Börse deren Usancen für das Geschäft, massgebend sind, Terminpreise notirt werden.					
	Befreiungen.					
	Die vorbestimmte Abgabe wird nicht erhoben:					
	1. falls der Werth des Gegenstandes des Geschäfts nicht mehr als 600 Mark beträgt.					
	Werden zwischen denselben Kontrahenten an einem Tage zu gleichen Vertragsbestimmungen mehrere Geschäfte über Gegenstände derselben Art ohne Vermittler oder durch denselben Vermittler abgeschlossen, deren Gesammtwerth mehr als 600 Mark beträgt, so greift für die einzelnen Geschäfte, auch wenn der Werth des Gegenstandes derselben den Betrag von 600 Mark nicht übersteigt, diese Befreiung nicht Platz.					
	2. falls die Waaren, welche Gegenstand eines nach Nr. 4b stempelpflichtigen Geschäfts sind, von einem der Vertragschliessenden im Inlande erzeugt oder hergestellt sind;					
	3. für die Ausreichung der von den Pfandbriefinstituten und Hypothekenbanken ausgegebenen auf den Inhaber lautenden Schuldverschreibungen als Dahrlehnsvaluta an den kreditnehmenden Grundbesitzer;					
	4. für sogenannte Kontantgeschäfte über die unter Nr. 4a 1 bezeichneten Gegenstände sowie über ungemünztes Gold oder Silber.					
	Als Kontantgeschäfte gelten solche Geschäfte, welche vertragsmässig durch Lieferung des Gegenstandes seitens des Verpflichteten an dem Tage des Geschäftsabschlusses zu erfüllen sind.					
	5. von den zur Versicherung von Werthpapieren gegen Verloosung geschlossenen Geschäften, unbeschadet der Stempelpflicht der nach erfolgter Verloosung stattfindenden Kauf- oder sonstigen Anschaffungsgeschäfte.					

Lauf. Nr.	Gegenstand der Besteuerung	Steuersatz vom Hundert	Steuersatz vom Tausend	ℳ	₰	Berechnung der Stempelabgabe
	Lotterieloose.					
5.	Loose öffentlicher Lotterien, sowie Ausweise über Spieleinlagen bei öffentlich veranstalteten Ausspielungen von Geld- oder anderen Gewinnen . . . . Den Spieleinlagen stehen gleich die Wetteinsätze bei öffentlich veranstalteten Pferderennen und ähnlichen öffentlichen Veranstaltungen. Befreit sind: Loose der von den zuständigen Behörden genehmigten Ausspielungen und Lotterien, sofern der Gesammtpreis der Loose einer Ausspielung die Summe von einhundert Mark und bei Ausspielungen zu ausschliesslich mildthätigen Zwecken die Summe von fünfundzwanzigtausend Mark nicht übersteigt.	10	—	—	—	bei inländischen Loosen vom planmässigen Preise (Nennwerth) sämmtlicher Loose oder Ausweise; bei ausländischen Loosen von dem Preise der einzelnen Loose in Abstufungen von 50 Pfennig für je 5 Mark oder einen Bruchtheil dieses Betrages.

Zu Seite 282, Anm. 1 ist hinzuzufügen: und Vorschriften vom 1. Sept. 1892 (RGBl. 787).

Universitäts-Buchdruckerei von Carl Georgi in Bonn.

FSC
www.fsc.org
MIX
Papier | Fördert gute Waldnutzung
FSC® C083411

Kolibri 360 GmbH
Ferdinand-Jühlke-Straße 7
99095 Erfurt, Deutschland
produktsicherheit@kolibri360.de